"一带一路"开发研究丛书

总主编 ◎ 向宏 胡德平 王顺洪 徐飞

峨眉论坛

面向"一带一路"的开发论坛与新型国际组织

宋 刚 ◎ 主编

西南交通大学出版社
·成都·

图书在版编目（CIP）数据

峨眉论坛：面向"一带一路"的开发论坛与新型国际组织／宋刚主编. —成都：西南交通大学出版社，2017.4
（"一带一路"开发研究丛书）
ISBN 978-7-5643-5433-6

Ⅰ.①峨… Ⅱ.①宋… Ⅲ.①"一带一路"–国际合作–研究 Ⅳ.①F125

中国版本图书馆 CIP 数据核字（2017）第 078882 号

"一带一路"开发研究丛书
Emei Luntan
峨眉论坛
面向"一带一路"的开发论坛与新型国际组织

宋 刚 主编

出版人	阳 晓
责任编辑	杨岳峰
封面设计	严春艳

印张	10	字数	94 千
成品尺寸	165 mm × 230 mm
版次	2017 年 4 月第 1 版
印次	2017 年 4 月第 1 次
印刷	四川玖艺呈现印刷有限公司
书号	ISBN 978-7-5643-5433-6

出版发行　西南交通大学出版社
网址　http://www.xnjdcbs.com
地址　四川省成都市二环路北一段 111 号
　　　西南交通大学创新大厦 21 楼
邮政编码　610031
发行部电话　028-87600564　028-87600533
定价　48.00 元

图书如有印装质量问题　本社负责退换
版权所有　盗版必究　举报电话：028-87600562

ISBN 978-7-5643-5433-6
9 787564 354336

"一带一路"开发研究丛书
编写委员会

总 主 编　向　宏　胡德平　王顺洪　徐　飞

副总主编　何云庵　陈志坚　朱健梅

编　　委　沈火明　何　川　钟　冲　邱延峻

　　　　　汪　铮　张雪永　阳　晓　孟新智

本书编写委员会

主 编　宋　刚

成 员　孟新智　雷　斌　张雪永

　　　　张　铎　邹　洋

"一带一路"开发研究丛书
创作与出版说明

一、立项说明

"一带一路"倡议如果没有找准全球发展的真实需求,她不可能在今天得到如此众多国家的支持和响应。尽管如此,寻求最广泛的共识与参与依然是我们需要艰苦努力的目标,因为这一倡议的本质是推动"五通三同":政策沟通、设施联通、贸易畅通、资金融通、民心相通以及利益共同体、责任共同体、命运共同体,在此基础上实现区域共同市场的协同发展与全球化的深入。

"一带一路"倡议尽管是一个经济发展战略和操作计划,但她明显区别于一般的全球发展概念和相应项目计划,因此,"五通三同"既是手段又是目的,只有如此,我们才能推进相关事业的螺旋递进和升华发展。

面对如此众多的国家与经济体,要建立"五通三同"的基本理解与共识并不断深化,将是一个非常复杂的浩繁系统工程。我们深知没有理论研究的超前展开和持续跟进,寻求广泛共识与普遍参与将是非常困难的。

"'一带一路'开发研究丛书"将从五个角度把握选题方向,弄清基本诉求、明晰关键问题、找准逻辑关系:一,从中国国家战略角度;二,从全球发展角度;三,从"一带一路"倡议实施的相关主体角度;四,从西南交通大学角度;五,从新基建高潮与轨道交通发展角度。

(一)从中国国家战略角度

随着改革与开放事业的循环递进,中国借助全球化契机,快速实现了城市化与工业化,也就是初步现代化。长周期高速成长的中国在今天面临如何跨越"中等收入陷阱"与"修昔底德陷阱"的巨大难题,全球经济格局的变化也给我们带来了新一轮的挑战。通过更紧密地融入世界经济体系尤其是亚非欧市场,毫无疑问是跨越两大陷阱、实现和平崛起的根本性战略选择。

2013年9月,中国国家领导人正式向国际社会提出了共建"丝绸之路经济带"和"21世纪海上丝绸之路"的重大倡议,两者合称"一带一路"倡议。近四年来,"一带一路"倡议首先在中国变成了实实在在的国家战略,从组织机制与体系到首批项目安排都全面展开,取得了阶段性成果;"一带一路"倡议不仅得到了沿线国家的积极响应,也结出了诸如亚投行、金砖银行等重大战略性、阶段性成果;2016年11月17日,第71届联大将"一带一路"倡议正式作为大会议程,这不仅标志着国际社会对它的接受,更预示着"一带一路"倡议逐渐成为全球发展的新理念与新思路,成为"千年计划"的重要操作内涵;2017年1月17日,习近平主席在达沃斯世界经济论坛年会上宣布将在北京召开"一带一路"国际合作高峰论坛,预示着中国声音、中国主张、中国方案将满怀信心地进入国际议题;刚刚结束的中美元首"海湖庄园会晤"不仅将开启中美"新型大国关系"格局下的新合作局面,还将在规划中美关系下一个45年的过程之中,探寻"繁荣中美与建设世界并行不悖"的、促进世界经济"增量再平衡"的、中美共同倡导的全球发展新主张和"再全球化"新战略,这些中美间的战略安排将促进"一带一路"倡议的全面深化和"一带一路"大市场的兴旺发达。

我们可以预计,5月14日至15日在北京召开的高峰论坛不仅是中国主场的全球性盛会,也标志着"从一带一路到人类命运共同体"的全人类"大交通"时代的即将来临,新一轮的世界经济大繁荣也许将由此开启,中国新一轮"对外求和、对内求变"的改革发展新战略同样也将由此开启;随后召开的中共十九大将是新一轮改革发展新战略的组织保障与机制深化。

(二)从全球发展角度

今天亚洲的大部分国家依然面临现代化的紧迫需求,也就是城市化与工业化的紧迫需求；美洲尤其是南美、欧洲尤其是东欧不少国家也面临同样的需求；非洲更是如此。

"一带一路"倡议的一个重要特征就是借鉴中国快速实现工业化与城市化所积累的相关经验、模式、方法以及相应的中国能力，联合欧美日等发达国家力量和沿线发达经济体力量，推动亚、非、拉为主的洲域市场快速实现赶超型的、后发优势的现代化过程。因此，"一带一路"倡议也可以说是全球市场整体实现城市化与工业化的"收尾工程"，它将迎来的是现代化的灿烂晚霞。

今天的北美、欧盟等发达国家和经济体，虽然也因就业等压力提出了"再工业化"等口号，事实上是很难收到实效的，更难发挥比较性优势。他们恰恰应该面对未来寻求超前的战略安排与新竞争力布局，通过商业模式与机制的创新实现诸多未来产业的提前成熟，并通过新兴产业与新生活方式创造全新的后工业化产业体系与新消费体系，实现经济的转型与市场的繁荣乃至社会的发展。

"一带一路"倡议的另一个重要特征就是在中美螺旋递进的战略合作机制下，依托美国发达的科技力量与教育力量，创新技术方案与商业模式，联合欧日等发达经济体力量和沿线发达经济体力量，推动中美市场为基础的、"一带一路"沿线相对发达经济体普遍参与的、超前布局的、先发优势的后现代化过程。因此，"一带一路"倡议也可以说是中美联手推动的全球市场发达经济体超前实现后工业化与后现代化的"超前工程"，它将迎来的是后现代化的蓬勃朝阳。

"一带一路"倡议的上述两大特征使其完全有可能成为"再全球化"或"后全球化"时代，实现世界经济"增量再平衡"和新一轮长周期繁荣的全球新战略，也是推动工业化往后工业化演进的文明转型工程。

（三）从"一带一路"倡议实施的相关主体角度

"一带一路"倡议实施涉及的各类主体非常丰富，同类主体又有不同的层级需求；每类主体对"一带一路"的关注、研究、参与都抱有不同的目的与不同的逻辑演进关系。

"一带一路"倡议实施涉及的产业面也相当广泛，不同区域产业链发育的成熟度又有相当大的差异，全球性产业秩序也处在总体平衡的动态调整之中，它的不确定性和不同主体扮演的龙头角色又决定了产业重组与再造所面临的企业性格的个性化。

"一带一路"倡议实施中有一个征象必须说明，那就是区域共同市场的抬头乃至区域共同市场主义的兴起，这就使我们多了一个关注的对象，那就是区域共同市场的牵头人，也许是国际组织、也许是强势国家、也许是强势企业。

"一带一路"倡议实施不能回避它对现行国际政治经济秩序的影响甚至是话语权地位的调整，既有秩序的守成方和挑战方之间的矛盾是无法回避的，关键是看新秩序的建构能不能达成挑战方与守成方的新平衡，这种新平衡的认可需要靠新思维与大主张。

我们的研究，包括因本套丛书带来的深化研究显然是不能够囊括各类主体的不同需求，当下的需求也许还能够有几分感觉，未来变化中的需求调整是很难把握的，尤其是博弈的双方在入场前后的动机变化是最难把握的，我们将尽努力挑战它。

（四）从西南交通大学角度

西南交通大学秉持 120 年的大交通理念，在全校师生、校友事实上已经是"一带一路"倡议项目实施的普遍参与者基础上，根据创办"双一流"大学的总体目标，提出了"以'一带一路'倡议为契机，以国家实验室为突破，全面建构大交通范畴的学科体系建设理念和有特色的世界一流大学目标"，并以此展开交大新一轮的改革发展新事业。

学校成立了"一带一路"开发研究院与"一带一路"历史文化研究院，参加了全国政协统筹的，由清华大学、国家开发银行、丝路基金等机构发起的"丝路规划研究中心"，同时与中央财经领导小组办公室保持联系，将学校机制与国家机制结合，一方面系统性、全局性展开"一带一路"研究，另一方面积极展开国家战略层面的项目实践。近期开发研究院在华盛顿组织了 20 位中美双方政产学人士参加的"中美民间基建合作计划专家工作组",推动中国民间资本联合赴美的"美国基建投资计划",取得中美双方高层的一致认可与褒扬。2016年年底,历史文化研究院应梵蒂冈教皇邀请赴梵展开"中梵丝绸之路历史文化研究",不仅取得了阶段性成果,还建立了与梵方多个机构的长期合作机制,2017年5月将组织北大、北师大、北外、中国红楼梦研究会、中国曹雪芹研究会等中方专家与梵方教皇大学、梵蒂冈博物馆展开系列研讨会与课题合作,推动"一带一路"历史文化研究上台阶、创品牌。

两个研究院在工作中发现虽然"一带一路"倡议的实践已经走在前面,但理论研究尤其是系统理论研究与理论准备明显不足,落后于实践。我们认为"一带一路"倡议是在全球化发展转型期、全球性工业化与现代化步入后发阶段、后工业化与后现代化步入先发阶段、崛起大国与守成大国进入相持阶段、世界经济正在由失序的不平衡走向有序的再平衡过渡阶段等多个特殊时期提出的。面对这样一个特殊时期,既需要有突破的理论思维与主张,也需要表达核心主张的理念阐述、更需要有逻辑的操作方案且要照顾不同主体的真实需求与思维习惯。

基于上述观点,两个研究院提出了由"智库型模式"起步并逐渐过渡到"智库与教学结合模式"的发展思路。一方面通过智库拓展与"一带一路"相关主体尤其是市场主体的紧密互动关系,进一步找准两个研究院的操作性定位;另一方面组织编写"'一带一路'开发研究丛书",聚集研究资源、提出研究思路、创新研究方法、服务战略实施,在此基础上,进一步找准两个研究院的学术定位。与此同时,动员与统筹全校力量、五所交大的协同力量和成都地区、西南地区高校力量,乃至"一带一路"关联地区大学力量和"大交通"关联的全球性力量参与研究与智库活动。

通过两个研究院对"一带一路"倡议的系统研究,我们越来越发现不仅"一带一路"所关联的亚洲、非洲、欧洲尤其是中东欧普遍面临基础设施先行带动的城市化与工业化快捷发展的后发现代化的总体需求,整个美洲包括北美同样存在如此需求。我们注意到伴随中美合作关系的升级,世界性的新基础设施建设高潮即将掀起。

也许它发端于中美两国的基建升级、繁荣于"一带一路"直接推动的亚非欧"世界岛"。

两对新一轮的基建浪潮,在后发现代化国家最重要的表现特征是"大交通"推动的城市化与工业化;在先发现代化国家和地区如美、欧、日等以及中国部分地区,表现特征是"新型大交通"推动的新空间布局与新产业布局。

"大交通"强调依托高铁及城市轨道交通串联形成的城市带、产业带以及在此基础上的特色城镇群与特色产业群;"新型大交通"强调依托磁浮等新型轨道交通实现大都市与特色卫星小镇的快捷连接,重构都市空间格局与新产业布局,除此之外还包括空地一体化新型交通格局带来的"未来城市"的兴建。

由此看来,"新型轨道交通"将是"大交通"与"新型大交通"的基础解决方案,西南交通大学在轨道交通领域的全国性地位乃至全球性地位决定了它的特殊角色。

高铁尤其是时速 300 公里左右的常规高铁,虽然是新型轨道交通的重要组成部分,但它的研发体系和产业体系已基本成熟,交大要做的工作更多的是补充与完善。交大要在升级版的超级高铁,重载铁路,第二代中低速磁浮列车、高温超导磁浮列车等磁浮轨道交通多样化应用,空铁等多制式城市轨道交通,国防特种运输装备,真空管道超高速轨道交通(1000 km+),现代有轨电车、虚拟有轨电车等"新型轨道交通"方面聚集研究力量与市场力量,不仅创中国"双一流"大学,还要创世界第一的"新型轨道交通大学",以此带动交大综合能力的全面成长,用全球性基建高潮的大势推动交大成为国际一流研究型大学与智库型大学。

为了实现上述目标,尤其是在"新型轨道交通"产业体系成型之前,交大不仅要为学术体系的完善发挥独特作用,也要为标准体系的完善发挥关键作用,更要为市场体系的超前布局发挥先锋作用。因此,尽快组织战略投资人一步到位形成大资本介入的"中国新型轨道交通集成集团有限公司"显得尤为重要与迫切。它是学术、科研、产业良性循环的重要一环,在一个全新产业孵化之初,这样的机制更显得尤为必要。

（五）从新基建高潮与轨道交通发展角度

伴随中美合作新格局的来临、"一带一路"倡议的全面实施，一场启动于中美市场、繁荣于"一带一路"市场的全球性基础设施建设高潮即将来临。交通，毫无疑问是先行工程，轨道交通尤其是高铁和城市轨道交通又是先行工程中的先行工程。

中国已经有大大小小的若干行业取得了全球规模与技术的领先优势，在大行业领域取得市场领先优势的还是凤毛麟角，中国高铁与城市轨道交通是我们最自豪的佼佼者，它事实上成了全球有目共睹的中国基础设施建设能力的核心能力。我们的尴尬在于为我们这一产业巨大市场优势做出贡献的主要还是国内市场，而大步走向全球市场才是我们轨道交通产业真正成熟的标致。

我们靠国内规模市场优势做大了产业，但还没有做强，关键问题出在应用研究与基础研究的相对滞后，深层问题又在于研究力量的协同与组织机制的困扰，更深层次的问题在于应对全球竞争、大国竞争到底应该有怎样的产业发展战略与机制保证。

培育优势企业、打造优势产业毫无疑问是国家竞争力战略与新一轮改革发展的关键能力需求与基础能力需求；中国高铁与城市轨道交通因市场规模所积累的丰富经验与综合能力，使其成了市场潜力最大的优势产业和企业集群，这样的综合优势产业相对而言实在太少；它过去的成功，一是靠大胆决策、超前超规模展开、用暂时的亏损换取中国城市化与工业化整体能力的快速提升等巨大综合收益，二是靠产学研资源的系统性长期积累；现在的问题，浅层面看是过于依赖国内市场、进入国际市场依然面临技术经济多项指标的竞争压力，深层次看表现为产业、科研、教育整体协同机制与定位出了问题，基础科研与新技术孵化跟不上市场的变化与需求；市场大势来了，它启动于中美新一轮的基建合作计划，繁荣于"一带一路"基础设施建设的先行；需求来了我们从何下手，只能是一方面尽最大努力抓市场，另一方面抓产业与应用研究能力提升，但这需要一个过程；综合而言，从教育突破相对容易、逻辑也比较顺畅，中国轨道交通教育、科研、产业综合体系离世界第一只差一步，教育水平离第一目标相对更近，教育水平的整体提升必然带来基础研发与新技术孵化的能力跃升，直接推动产业规模优势变成性价比优势、技术优势、品牌优势，全球第一的教育品牌更便于整合各类相关主体与不同阶段的科研资源，有利于突破产学研整体能力的协同性障碍；通过世界第一的轨道交通大学和相关研究体系，带出世界第一的优势产业和企业集群不仅可行且战略意义重大，如此安排"一带一路"倡议与"中美基建合作计划"就能快速取得丰富的早期收获。

二、选题原则与创作力量的组织

在今天看来，"一带一路"倡议既是一套中国发展战略，也是一套全球发展战略。两者之间是一个相辅相成的关系：中国战略必须有清晰的国际逻辑，否则没有操作性；全球战略必须要有一定的中国因素，否则同样操作性不强。中国不仅仅是"一带一路"的倡议者，更是市场要素资源组织的基础环节与关键环节，也是新机制的建构者与新方法的始创者。

选题原则要兼顾理论与理念、政府与市场、经济与技术、工业化与后工业化、现代化与后现代化、全球化与后全球化、经济与社会、历史与文化，还要兼顾宏观与微观、战略与战术、理论与实践、国家与地方，更要兼顾国际与国内、长远与现实、区域与国别、产业与项目、产业与金融、大企业与小企业、金融体系与金融产品、金融市场与资本市场等多方面。要从这些关系中抽象出选题要义，安排好出书计划的时间序列与分类序列。

"'一带一路'开发研究丛书"总体采取命题研究的创作形式，创作力量首先是以西南交通大学为首的大学力量，包括五所交大、成都、四川、西南地区相关高校和北京地区相关高校等，其次是国内外从事相关问题研究的各类专业人士。

我们特别注重寻找相似题目的著作者，由他组织研究力量结合我们的战略意图进行再创作。如此安排不仅有利于快速形成研究成果，更有利于思想碰撞、观点交锋与学术深化。

由于"一带一路"概念本身是一个操作性概念，因此方案策划与设计显得尤为重要，许多选题将采取"研讨会"形式展开，由主创人员邀请相关专家共同研究"方案设计"，这样不仅使其研究成果的应用价值得以大大提升，还方便阅读，方便相关人员依不同角色进行资讯的取舍。

如何创新研究形式与课题创作形式是我们接续关心的重要问题，通过它可以使选题的资讯内涵与价值内涵得到最大化发挥。

"'一带一路'开发研究丛书"的编写过程本身也是西南交通大学"一带一路"开发研究院与西南交通大学"一带一路"历史文化研究院创立、研究力量组织、定位精准、方法论形成、智库品牌创立、超级项目能力形成、超级项目模式建立的过程，也是交大产学研模式升级发展的过程，更是中国"一带一路"倡议完善的过程。

我们希望本套丛书能有效服务整个"一带一路"倡议的深度认知与中国"一带一路"倡议的深化。它重在系统基础上的早期行为推动，也不排除在若干年后通过实践的总结形成第二套丛书。我们希望借此丛书的创作为"实验政治学"、"发展经济学"、"产业经济学"、"公司经济学"、"方案经济学"以及"现代化理论"与"后现代化理论"、"大交通理论"、"文化人类学"与"空间人类学"等学科的理论建设做出贡献，更希望为"一带一路"倡议建构起系统的理论体系。

三、选题分类与计划

"'一带一路'开发研究丛书"按九大类方向进行选题规划：一是核心理论与主张系列，二是总体战略系列，三是大国与域内经济体相关理念与主张系列，四是新理念与行动系列，五是人文历史系列，六是中国改革开放新战略系列，七是中国新市场理念与战略转型系列，八是智库与媒体系列，九是轨道交通系列。

编委会初步拟定了九大类100多个选题方向，主要是便于著作者参考与选择，整个丛书计划控制在100本以内，编委会与著作者在互动中确定最终选题与研究计划和写作提纲，双方取得一致意见后再进行具体的研究与写作工作。

编委会初步拟定的 100 多个参考选题也将在研究深化过程中不断调整与修改，此次提出的如下选题旨在打开研究视野、明确九大分类的逻辑关系，为首批计划的推出建构参照坐标。

（一）核心理论与主张系列

1. 文明与产业：从工业化与现代化走向后工业化与后现代化
2. 新规则：工业文明与后工业文明的胶着与转型
3. 新贸易论：国家间的竞争与改变世界的基础力量
4. 国是与生意：超级项目与超级资本在未来十年将如何改变世界
5. 停滞与繁荣：摆脱政治困扰，迎接新商业力量带来的世界性繁荣
6. 十字路口：新国家为何官僚化以及特朗普可能的再设计与再改变
7. 一千个理由：中美始于现实主义繁盛于新商业主义的战略合作
8. 窗口期：习近平、特朗普可能带来的改变与行进中面临的巨大压力
9. 一带一路：中国经验与中美欧能力结合的后发现代化道路
10. 拥抱：摆脱冷战思维的大国战略
11. 科莫湖：湖边散步，对话美中欧新世界体系
12. 增量再平衡：中美战略对话的全球性议题与机制构想
13. 大交通：从"一带一路"走向人类命运共同体
14. 实践社会主义：在制度竞赛的反省中寻找超越第三条道路的新方向
15. 人类命运共同体：通过经济繁荣导向新普世价值的全球共识

（二）总体战略系列

16. 竞争力报告："一带一路"相关国家与经济体现实能力的总体评价

17. 增长热点：金砖、金钻、灵猫、展望、薄荷、迷雾等概念的研究
18. 全球化与区域贸易协定：五百多个区域贸易协定(RTA)的来龙去脉
19. 超大区域的 RTA：欧盟、APEC、东盟、北美自贸区、TPP、TPIP 等概念研究
20. WTO 波澜起伏：从全球化到再全球化
21. 多国的规划：来自欧洲、亚洲、非洲以及美国的丝路规划方案
22. 总体需求：亚非拉对城市化与工业化的渴望
23. 融合与创新："一带一路"倡议在数百个区域贸易协定基础上的提出
24. 解释"一带一路"：早期实验、正式提出、逐渐成型与相对稳定
25. 战略对接："一带一路"倡议与相关国家战略及区域战略的衔接
26. 新循环体系："一带一路"创造的全球经济新运行格局
27. 世界的试验：后发城市化与工业化的中国经验与教训
28. 新动力与新空间：超级资本推动新兴产业与新生活方式的提前繁荣
29. 收尾与超前：工业化的后发模式与后工业化的先发模式
30. 信风：新一轮全球性基建高潮的来临
31. 世界岛：梦想在大资本时代中美欧合作格局下实现
32. 支撑体系：丝路新时代的节点城市与产业体系
33. 产业分工：联合国的三级工业分类与"一带一路"的分工体系
34. 园区模式：花样繁多的园区概念与中国式的产城融合体
35. 生根开花：中国在"一带一路"超前布局的 80 余个经贸合作区

（三）大国与域内经济体相关理念与主张系列

36. 特朗普新政：保守主义与现实主义的当下立足与新商业主义的未来发展

37. 改造世界的特朗普：问题意识、逻辑力量与方法论

38. 脱欧之后的再定位：英国在欧盟与新欧亚非一体化市场中的再定位

39. 再造优势：德国借助"一带一路"提振欧盟的新思路与新战略

40. 岛国求变：日本在新外交格局下重构一体化市场的理念与方略

41. 新一轮合作：中韩在"一带一路"大市场体系中谋求新合作格局

42. 海陆互动：新加坡在强化海权优势基础上的陆权联盟式扩张

43. 华丽转身：中东石油大国在"一带一路"机遇下的战略转型

44. 印度：寻求深度认知与理解，探寻全面结构性合作

45. 欧洲图强："一带一路"理念下的东进战略与欧亚非市场共同体

46. 欧亚非经济联盟："一带一路"倡议作为手段与目的

47. 亚洲共进论：区域与次区域共同市场带来的亚洲繁荣

（四）新理念与行动系列

48. 国别经济："一带一路"倡议实施的认知前提与基本能力

49. 产业经济："一带一路"倡议实施的关键环节与核心动力

50. 区域共同市场：后全球化过渡期的市场特性与趋势前瞻

51. 新图景：区域共同市场与主体功能区

52. 经济地理革命："一带一路"串起的区域共同市场体系

53. 不确定中的求索：国际货币太阳系的瓦解与新体系的建构

54. 人民币国际化：从贸易货币、投融资货币走向储备货币

55. 亚投行：全球开发性金融的新角色与新模式

56. 丝路基金：中国由贸易大国向投资大国转型的引导性基金

57. 并驾齐驱：贸易与航运的波罗地海指数与海上丝路指数

58. 新模式：中美欧高科技合作 1.0 与 2.0 互动机制

59. 六大走廊：概念性规划基础上的深度研究

60. 第三欧亚大陆桥：穿越亚洲人口密集地区连接中欧的新通道
61. 捷径：北极航线、克拉地峡运河等海上丝路新通道构想
62. 哑铃战略：十余趟中欧班列连接两个扇面的城市群与产业群
63. 管道丝路：中国与俄缅哈土等国油气管道创造的新开发模式
64. 东西方之桥：土耳其在"一带一路"倡议中的重新定位
65. 比雷埃夫斯港：海上丝路港城连接的中东欧新通道
66. 科伦坡再造：海上丝路中转大港的新发展计划
67. 中白工业园：白俄罗斯的新中心城市与丝路明珠
68. 苏伊士新区：中埃合作的新型经贸合作区与海上丝路的节点城市
69. 瓜达尔港城：一个面向三个大市场的超级工业基地与商贸大城
70. 先走一步：中国在非洲的基建与产业发展
71. 雅达瓦伦油田：中国超级油田海外合作的里程碑
72. 印度钢铁：崛起大国的钢铁产业快发之路与后发之路的双轮驱动
73. 班加罗尔：软件产业聚集区与中国互动的互联网+
74. 有机农业：远东布局的生产基地和全球市场
75. 台湾价值：超级项目合作重塑两岸关系
76. 巴拉望的后现代生活：与增长中心配套的热带海滩度假城与非现场工作基地

（五）人文历史系列

77. 曾经的辉煌：东西方商路连接的古丝绸文明
78. 大航海时代：洲域经济的交流与早期的全球化
79. 从历史走来：始于《中国》的西方关于中国的描述
80. 西方视野的中国：大历史、大文化与大战略的观察
81. 丝路传奇：千百年来西方人的丝路著述与故事
82. 历史的拐点：中国在世界交往中的失落
83. 盛宴：中国艺术在古丝路的辉煌与新丝路的繁盛

84. 梵蒂冈使臣：罗马在东西文化交流中的历史角色与未来设想

85. 大历史定位："一带一路"倡议的历史延续与未来穿越

86. 横断山总体价值论：建构地球终极资源与全人类明天需求间的大逻辑框架

87. 第三空间浪潮：透过若干经典案例解构建构空间人类学

88. 伊甸园：大香格里拉的后现代憧憬

89. 腾冲：古丝路历史文化要冲与新丝路的重新定位

90. 生活大国：四川的尝试与即将到来的中国新战略

91. 艺术的胜利：重庆都市调性的改造与竞争力的勃发

92. 复兴邻里社会：智慧城市与中小微企业新发展浪潮带来的社会变革

（六）中国改革开放新战略系列

93. 第二轮开放：对外求和与对内求变的新战略

94. 愿景与行动："一带一路"倡议的多角度解读

95. 冷思考："一带一路"深层问题与关键问题梳理及求解

96. 战略定力：中国策略的宏微观梳理与系统执行

97. 创新驱动：内外市场互动的创新机制与模式

98. 循环递进："一带一路"倡议创造的内外市场及大中小企业协同发展的新契机

99. 早期收获："一带一路"倡议的有感化与阶段性递进

100. 企业生态：良性发展的基础与深化改革的关键

101. 工业强国：增量再平衡全球机制下中国制造业的转型升级

102. 并非夸大的使命：中国商业力量的成长与未来使命

103. 新亮点：口岸贸易与自由贸易区

104. 利益维护：中国"一带一路"倡议下的海外利益维护

105. 海外中国：中国跨境投资的现状与未来战略

106. 华人血脉："一带一路"华侨资本的关键作用与利益安排

（七）中国新市场理念与战略转型系列

107. 第一战略：推动优势产业冲击第一目标与市场覆盖

108. 并购与整合：中国制造业升级的价值再造与战略重组

109. 战略投资：时髦概念背后的深层功夫与系统能力

110. 机会投资：战略理念与能力支撑下的短线投资

111. 平台公司：多元化的实践与逐渐清晰的能力特征

112. 全球并购：躁动下的冷思考与趋势前瞻

113. 新央企：政治定位清晰后的市场行动

114. 改造与担待：中国上市公司与机构投资人的非常使命

115. 企业家：一个价值被忽略的特殊阶层与关键力量

116. 资本聚集："一带一路"超级项目导向的中国证券市场改革

117. 资本时代："一带一路"开启的中国跨境投资新天地

118. 聚变：郑州如何由超级货运空港演变为航空大都市

119. 于家堡：一个为京津冀融合发展和"一带一路"国别总部而定制的未来城市

120. 发现新疆：双经济走廊概念与超级项目聚集的循环递进

121. 双主题战略：云南在大通道与新生活中央高地两大概念下的再定位

122. 两洋通道：云南如何做好第三欧亚大陆桥与泛亚通道的大文章

123. 深圳谋变：基于现状与可能背景下的超级项目都会

124. 大湾区：新全球经济格局下粤港澳的再定位与一体化

125. 重庆战略力：国企与民企两个战略平台的双轮驱动

126. 多元中关村：欧美日俄以等国多点布局的超级项目孵化基地

127. 智慧城市：以非现场工作为基础的智慧化改造与不断升级

128. 大湾区的香港：在"一带一路"倡议下诉求金融深化与服务贸易升级

129. 装备制造业："一带一路"上的升级版与内外市场的互动

130. 服务贸易："一带一路"倡议下的内外市场联动与大布局

（八）智库与媒体系列

131. 力量的整合：中国与"一带一路"相关研究力量的价值发现与重组

132. 中国丝路开发研究基金会："一带一路"倡议门户型智库的价值主张与方案设计

133. 峨眉论坛：面向"一带一路"的开放论坛与新型国际组织

134. 峨眉论坛大学：创新组织模式与教学模式的"一带一路"国际人才培训基地

135. 超级项目论：中国在后全球化过渡期的非常机遇与方法

136. 超级项目前期："一带一路"倡议系统推进的关键能力

137. 超级项目智库：政产学融合的前期孵化机制与绿色通道

138. 开发性金融："一带一路"创造的新模式与新空间

139. 顶层智力：全国政协精英人才在"一带一路"基础研究上的价值最优化

140. 战略精英：复合型人才在非常时期的非常作用

141. 智力丝绸之路："一带一路"沿线的大学合作

142. 再出发：面对国家总体竞争力与战略安排的高校改革

143. 全球战略（华盛顿）研究院：设计中美欧如何联合创办新型智库

144. 丝路传媒集团："一带一路"全域布局的新媒体集团方案设计

145. 丝路通讯社："一带一路"全域布局的新模式通讯社方案设计

（九）轨道交通系列

146. 轨道交通：昨天的辉煌、今天的重任、明天的浪漫

147. 高铁主义：轨道交通与公路网络的良治后发模式

148. 新型轨道交通：现代化国家与地区交通能力提升的新选择

149. 轨道交通：全系列的中国制造与超级项目模式的中国投资

150. 泛亚铁路：交通体系联动区域共同市场的城市群和产业带

目录 contents

第一章　国际话题市场扫描 …… 001

第一节　全球会议市场概要 …… 001

第二节　国际会议的主要类型与发展趋势 …… 008

第三节　全球部分知名会议（论坛）介绍 …… 016

第四节　中国的需求与发展机遇 …… 023

第二章　"一带一路"倡议的实施 …… 026

第一节　"一带一路"倡议实施的意义：
内外统筹的主战略 …… 026

第二节　"一带一路"倡议的推进：
超预期的早期收获 …… 032

第三节　"一带一路"倡议实施的基础：
设施联通的奠基性 …… 036

第四节　"一带一路"倡议实施的曲折：
以高铁"走出去"为例 …… 041

第三章　聚焦区域共同市场、产业协同发展和"超级项目" …… 052

第一节　撬动"一带一路"倡议的基点是
区域共同市场 …… 052

第二节 撬动"一带一路"倡议的支点是
产业协同发展 …………………………………… 058
第三节 撬动"一带一路"倡议的方法论是
"超级项目" ……………………………………… 065

第四章 四位一体：联结政产学兼取宏微观的"一带一路"开发集成平台 …………… 072

第一节 开放论坛：聚焦区域共同市场、产业链开发、
大交通文化与人类命运共同体的品牌性、国际
化论坛 …………………………………………… 073
第二节 公开大学：能力培训为主、补充基础教育的
企业家国际化培训基地 ………………………… 077
第三节 超级智库：政产学结合开展扎实基础研究 ……… 080
第四节 "一带一路"开发研究院：超级项目前期构划与
资源配置及后期衔接 …………………………… 097

第五章 峨眉论坛及论坛大学的发展与管理 ……………… 101

第一节 峨眉论坛及论坛大学"三步走"发展计划 ……… 101
第二节 峨眉论坛及论坛大学组织管理体系 ……………… 114
第三节 峨眉论坛及论坛大学在地资源建设 ……………… 116

参考文献 …………………………………………………………… 135

第一章 国际话题市场扫描

第一节 全球会议市场概要

全球会议市场是全球话题市场的直接载体和表现形式,是全球性政治、经济、科技、文化等人们研究、讨论的热门话题的集合。这个市场以全球性、区域性或特定技术、产业领域关注与亟须解决的热点问题为根本出发点,以特定的会议主题和组织形式为载体,围绕着会议策划、会议组织、会议管理、会议接待、会议服务、会议教育与研究、会议的附加活动等一系列市场行为集合,形成了会议产业。近50年来全球会议市场发展迅速,已经成为重要的全球性产业。

目前关于国际会议的定义尚未形成统一标准,最主流的定义主要有三种,分别来自国际会议与大会协会(International Congress & Convention Association,ICCA)、国际协会联合会(Union of International Associations,UIA)和国际会议中心协会(AIPC)。ICCA的标准有三条:固定性会议、至少三个国家轮流举行、与会人数50人以上;UIA的标准是:5个以上国家轮流举行，与会人数在300人以上，国外人士占与会人数40%以上，3天以上会期；而AIPC关于国际会议的标准是：固定性会议，至少5个国家参加且在各国轮流举行，会期1天以上，与会人数50人以上，外国与会人数占25%以上。根据上述标准，可以看出国际会议一般需要3个以上国家参加，外籍人数达到20%以上，会期1天以上。因此，我国对在我国境内举办的国际会议也有相关的规定，即与会者来自3个或者3个以上国家和地区（不含港、澳、台地区）的会议、论坛、研讨会、报告会、交流会。

欧洲是世界会议产业的中心，也是会议产业的发源地。1681年在意大利举办的医学会议，开创了欧洲现代国际学术研讨会的先河。1814—1815年，欧洲列强在维也纳举行了著名的维也纳会议，商讨当时欧洲列强的外交争议，重划欧洲政治版图，对当时欧洲乃至全世界的国际政治格局产生了重要影响，也为全球政治话题性质的会议发展奠定了良好的基础。随着第二次工业革命的快速发展，商业活动和通信技术突飞猛进，产业和技术分工越来越细，世界范围内的经济、政治、文化、科技交流不断增强，全球的经济格局发生重大变化,产业转移和技术发展浪潮汹涌蓬勃，推动了会议产业在全世界范围内的快速发展，特别是经济发展较快、基础设施较好的北美洲、亚洲的会议产业得到了快速成长和发展。

一、国际会议数量增长迅速

20世纪中期以后,随着世界格局的稳定、经济的发展和科技的进步,全球范围内的政治、经济、文化交流需求也日益增长,组织各类会议的基础设施条件大幅度提升。作为具有公共产品特征的会议产业发展迅猛,近50年来保持了快速的增长趋势,见图1。

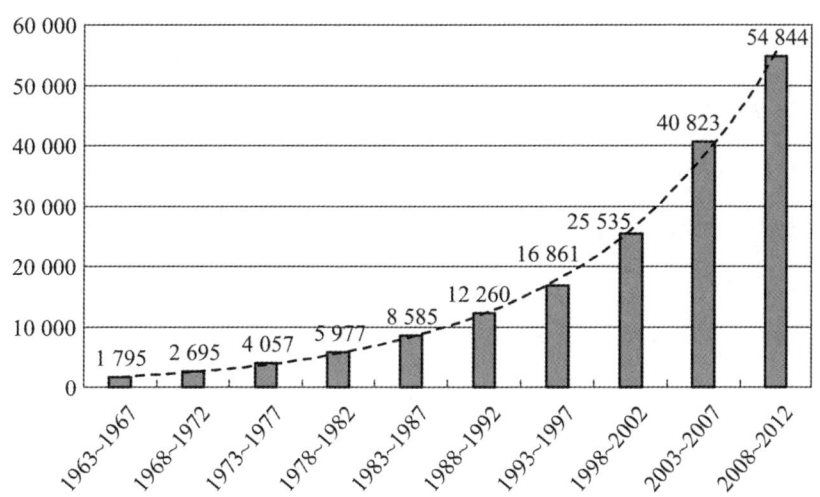

图1 1963—2012年全球会议数量增长情况(数据来源:ICCA)

国际会议协会(ICCA)以每5年为一个周期,统计了从1963年至2012年共50年的全球会议数据,如图1所示。我们发现,全球会议的数量自20世纪60年代以来呈现了一个指数增长的发展态势,年度增长率约10%,几乎每10年,国际会议的规模就会增长一倍。考虑到ICCA对国际会议的定义要求,实际上按照我国对国际会议的标准来看，近 50 年全球会议的数量还要多很多。

二、国际会议集中在欧、美及亚洲

作为国际话题讨论和交流的最重要载体，国际会议是促进各相关地区与组织之间政策沟通、对话交流的最有效平台。出席和参加会议的人员往往是政府首脑、国际组织高官、知名企业高管、著名学者等各领域具有影响力的高端人士。受欢迎的会议举办地往往具有地理位置优越、交通便利、自然人文环境优美、酒店接待及基础设施能力完善等特点，同时政治环境稳定、国际化程度高，本国（地区）政府也大力支持会议产业的发展。欧洲、美国和亚洲的一些地区成为全球国际会议产业发展的重点和热点区域，见图 2。

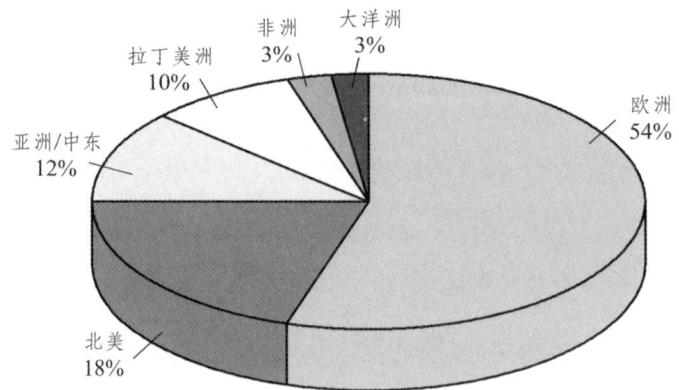

图 2　2008—2012 年国际会议的全球区域分布情况（数据来源：ICCA）

欧洲是国际会议产业的发源地，经济发达，交通便利，有着丰富的旅游、文化资源和优美的自然环境，欧洲各国政府也非常重视会议产业的发展，受到国际会议组织者和参会者的青睐。在欧洲瑞士东南部山谷里的达沃斯小镇，海拔高，四面环山，空气干爽清新，是各种肺病患者的疗养胜地，最初有不少国际医学大会在这里举行。1971年，瑞士日内瓦商学院教授克劳斯·M.施瓦布号召和邀请全球400多位商业界领袖在这里举办了"欧洲管理论坛"。因为他酷爱滑雪，所以将论坛地点定在了这里。随着影响力的不断扩大，"欧洲管理论坛"于1987年更名为"世界经济论坛"，达沃斯作为唯一的举办地也享誉全球。同时，众多的国际组织的总部也位于欧洲的巴黎、伦敦、日内瓦、维也纳、布鲁塞尔等城市，这其中包括北大西洋公约组织、国际刑警组织、世界贸易组织、石油输出国组织、国际展览局、世界卫生组织、世界知识产权组织、国际足球联合会等，进一步推动了欧洲会议产业的发展。根据ICCA的统计数据，2015年全球十大会议城市中，欧洲城市占了9席，其中柏林、巴黎、巴塞罗那、维也纳、伦敦占据了前五位。

美国的会议产业起步晚于欧洲传统国家，但在强大的经济基础和市场需求的推动下，以及领先的技术创新能力和人力资源的保障下，美国已经成为全球首位会议产业大国。根据ICCA的数据，2015年美国举办的国际会议数量为925个，位居全球首位。

由于不少国际组织的总部设在美国，包括联合国、国际货币基金组织、世界银行等全球性机构，也包括国际电气与电子工程师学会（IEEE）、国际半导体设备与材料协会（SEMI）等技术与产业组织，使美国的会议产业呈现出与全球经济、技术和产业紧密联系的特点。在旅游、运输、电子、汽车等领域每年都会举办很多全球知名的展览活动和同期高峰论坛，比较著名的包括北美国际汽车展、国际消费电子产品展等，吸引着全球各界的目光。拉斯维加斯、奥兰多、芝加哥等是美国著名的会议与展览产业中心城市。

　　除了欧洲和北美之外，亚洲也是国际会议市场发展最快的地区，日本、中国是亚洲地区年均举办国际会议最多的两个国家，ICCA公布的2015年统计数据表明，这两个国家分别举办了355场、333场国际会议，在全球排名中位列第七位和第八位。同时，在全球十大会议城市（地区）中，新加坡是亚洲唯一进入前十的地区，它以年举办156场会议位列第七位。新加坡是一个非常国际化的城市国家，交通、通信、酒店、科技非常发达。据最新统计，新加坡现在大概有超过140多个非政府性的国际组织，包括联合国的、世界银行的、欧盟的等，都在新加坡设有机构。新加坡以英文作为主体语言，国际化程度很高，吸引着国际性的机构或者组织到新加坡来，设立区域性的总部，面向整个亚太地区或者东亚、东南亚。同时，新加坡国际性人才资源也很多，550万人口里面，有 1/3 是外国人，为这些国际组织找到合格的、高素质的雇员提供了一个重要的条件。新加坡还有一个有利条件是社会管理、政治管理、国家管理都很好，参会者可以直接从新加坡的政治、环境、文化和教育等方面体会、学到东西。除了新加坡之外，排在全球前二十位的亚洲城市还有韩国首尔、中国香港和北京，2015 年它们举办的国际会议分别为 117 场、112 场和 95 场。

三、政治经济中心与国际旅游胜地是国际会议的主要举办地

国际话题市场最活跃的地方也就是会议举办地，主要有两种选择类型，一种是政治经济中心，如美国纽约、法国巴黎、比利时布鲁塞尔、中国北京等；另一种是国际旅游目的地，如瑞士日内瓦、瑞士达沃斯、奥地利维也纳、新加坡、中国海南（博鳌、三亚）等。其中，瑞士堪称国际话题市场的中心，由于其永久中立国的身份，有 200 多个国际组织落户瑞士，在阿尔卑斯山脉星罗棋布的美丽小镇上，经常性地举办着各类会议，堪称会议之国。阿尔卑斯山也成为工业化时代文明的一种象征。

第二节　国际会议的主要类型与发展趋势

一、国际会议的类型和分类

我们可以依据很多标准对国际会议进行分类，譬如可以根据会议的规模大小、会议的主要参与对象、会议讨论的主题类型等。一般来说，根据会议发起者组织会议的目的类型进行分类是比较通用的方法。会议发起者的目的决定了会议的目标以及会议可以提供的内容与服务，这是区分不同类型会议最有效的方法。因此，国际会议一般可以区分为两大类，企业会议和非企业会议。企业会议主要是一些跨国公司独自或者共同举办的各类企业界、产业界论坛，议题主要以某个企业或者某个产业细分领域为讨论重点。非企业会议主要包括国际政府组织的会议（含联合国会议）、国际事务组织会议以及国际非政府组织的会议，这些国际会议讨论的主要是全球或地区的政治、经济话题，比如 G20 会议，对全球政治经济格局影响重大。

一是联合国话题。这类话题是联合国大会及下属各组织研究决定的各类议题和话题。其中，联合国大会是联合国的主要审查、审议和监督机构，大会有权讨论宪章规定的国际和平与安全、促进国际政治合作、国际法的发展和编纂、人权和基本自由的实现以及经济、社会、人道主义、文化、教育和健康领域的国际合作等问题或事项，并向会员国和安理会提出建议。联合国还设有若干组织及专门机构，如国际货币基金组织、国际劳工组织、教科文组织、粮农组织、世界卫生组织、国际原子能机构、世界粮食计划署、世界银行、万国邮政联盟等。这些组织机构会根据职责规定召开会议、论坛开展相关话题讨论。

二是国际事务组织话题。除去联合国组织和专门机构外，国际上还有各种类型的政府间或非官方事务组织，如世界贸易组织（WTO）、二十国集团（G20）、八国集团（G8）、亚太经合组织（APEC）、上海合作组织（SCO）、中国-东盟（10+1）中心等，这些国际组织也会定期召开相关会议，如世界贸易组织首脑峰会、亚太经合组织领导人非正式会议、二十国集团首脑会议、八国集团首脑会议、上海合作组织首脑峰会、中国-东盟（10+1）领导人会议等。这些国际组织的讨论话题依其组织章程规定范围而不同。

三是国际会议话题。除去国际事务组织外，还有许多专门的国际会议组织经常性地召开会议讨论热点话题，这些会议包括达沃斯世界经济论坛、亚欧会议、圣彼得堡国际经济论坛、丹福斯国际经济论坛、博鳌亚洲论坛等。其中最负盛名的是达沃斯世界经济论坛，它是以研究和探讨世界经济领域存在的问题、促进国际经济合作与交流为宗旨的非官方国际性机构。每年冬季在达沃斯召开的论坛年会都要确定一个主题，并在此基础上安排200多场分论坛讨论。除冬季年会外，每年还会召开区域会议，使企业领袖与举办地政府和非政府组织密切沟通。2007年，达沃斯为中国"量身定造"的"世界经济论坛新领军者年会（夏季达沃斯年会）"在中国大连举行首次年会，连续举办至今。1月20日，达沃斯世界经济论坛2016年年会在瑞士开幕，主题为"掌控第四次工业革命"。2016年夏季达沃斯论坛于6月26日在天津举行，主题为"第四次工业革命——转型的力量"，反映当前国际社会希望通过转型促进经济复苏和增长的一致愿望。

需要注意的是，国际会议的组织形式，往往分为开放会议和闭门会议。开放会议是指会议发言、论坛对话是面向媒体和参会人员开放的，闭门会议则不开放。如达沃斯论坛3天会期里，各类会议近百场，其中全体会议以及电视辩论是对嘉宾、媒体全部开放的，其他会议则为闭门会议。开放会议又根据是否向参会者收费、是否接受商业性赞助而有所区分。

二、会议成果与智库建设

国际会议的召开，会在较短的时间内聚集各个产业、领域的全球领袖和精英，会议内容往往是面向各个领域的热点话题进行全方位的平等对话和深入讨论。也正是这种专业和开放的会议方式，能够汇集到各领域领袖和精英的思考和意见，更能贴近话题本身，贴近市场本身。正是有这样的重要资源和优势，许多知名会议的组织者都成立了相关的研究中心，深入研究会议的相关内容，发布权威的研究成果，进一步强化会议的号召力和影响力。

譬如博鳌亚洲论坛，该论坛的宗旨是立足亚洲，面向世界，促进和深化本地区内及本地区与世界其他地区间的经济交流、协调与合作。论坛每年召开一次年会，且经常举办各种会议，独立或合作开展有助于实现论坛宗旨的各类研究活动。论坛设立有研究院和咨询委员会等专门机构，并调用论坛所有资源保证搜集高质量的年会议题，非常注意把握时代脉搏，议题设置能够与时俱进。每年都会发布论坛年会报告、亚洲经济一体化年度报告、新兴经济体发展年度报告和亚洲竞争力年度报告，以及其他专题研究报告，对亚洲共同市场建设提供具体的建议。

再比如亚布力中国企业家论坛研究中心，依托论坛本身的资源优势，开展了一系列的研究，如中国企业家生存环境调查、中国企业家思想力研究、企业非公募基金会研究、企业家公众形象建设等。其中，企业家生存环境调查以及企业家思想力研究已经成为研究中心的常规研究项目，前者以每年一份调查报告的形式呈现，期望通过探测中国企业家对自身生存环境的主观评价，深入分析中国企业家目前所处的政策、市场、舆论及个人环境状况，探索当前改善中国企业家生存环境的可能路径，并呼吁社会关注和理解中国企业家群体的生存现状。后者则以《让企业有思想》系列展现企业家们从经营理念到人生价值观，从现实考量到历史总结，从个人目标到社会使命的思考，期望以此注释中国经济的发展。因为他们的看法、观点部分代表了对当下中国经济界的主流声音，了解、解析他们，对于理解当前中国发展的问题以及探索下一步方向颇为有益。

三、国际会议的发展趋势

1. 中小规模会议比例增加，部分国际会议出现大型化趋势

近半个世纪以来，国际会议的发展出现了两方面的变化：一方面，参会总人数呈现持续较快增长态势；另一方面，中小会议大量增加，单场会议平均参会人数持续下降。

第二次世界大战之后，科技、经济快速发展，全球范围内的产业转移、变迁和产业结构变化，给各个地区的社会结构带来巨大影响。譬如发展于美国的电子信息产业，20世纪70年代从美国转移到日本，80、90年代从日本转移至韩国、中国台湾，2000年以后又转移至中国大陆。这种大规模的产业结构转移，带来了跨国企业的规模和数量的持续增大。地区发展的差异，社会治理和宗教文化的不同，使国际社会面临的政治、经济、技术、环境、文化等问题越来越复杂，需要关注和协调的问题越来越多，从而造成全球性的会议数量持续增多，参加会议的总人数也越来越多。与此同时，科学技术快速发展，社会分工越来越细，越来越多的产业需要全球产业链的分工合作。譬如我国近年来花大力气推动发展的集成电路产业，IC设计来自高通、华为、展讯等芯片企业，

芯片制造由中国、韩国、新加坡等国家和地区的厂商完成，而后续的封装测试则由日月光、安靠、长电等国际大厂完成。在这条产业链上，上游的材料主要是日本、美国的供应商提供，设备则主要来自于美国、日本和欧洲。因此，正是这种越来越细的分工与合作，使针对各种话题的国际会议更加专业化，单场会议的参会对象更加集中于某些细分领域。会议在组织形式上呈现出小型化、专业化趋势，单场会议的平均参会人数也呈现持续下降态势（见图3）。

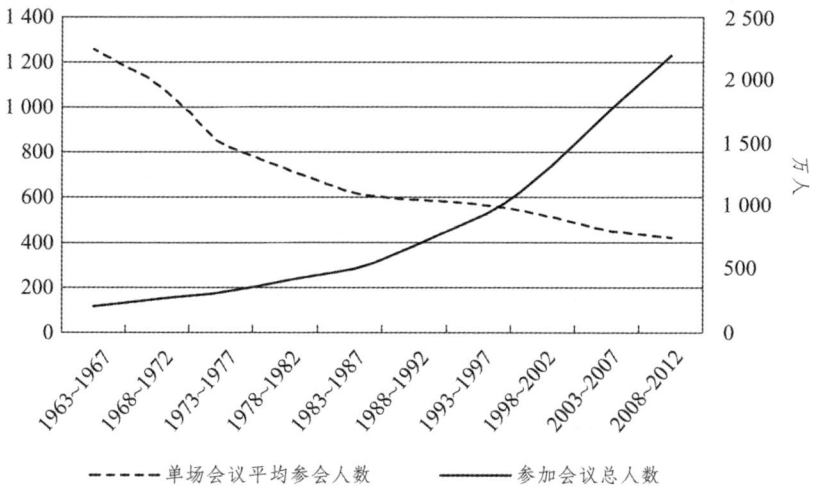

图3 近50年国际会议的参会人数变化趋势（根据ICCA数据整理）

2. 专业化分工日趋显著

在会议数量日益增加的同时，与会者对会议服务的要求也越来越多样化，由此形成了"专业会议组织者（PCO）"与"目的地管理公司（DMC）"的分工体系。PCO 主要是招徕、统筹安排会议和展览的专业公司及个人，DMC 是主要负责会议的实施和接待工作的公司。国际会议的举办通常都是由 PCO 进行组织，在选定目的地城市之后，将会议服务（MICE）和主题活动交 DMC 公司负责。

PCO 主要是依据合约提供专业的人力及技术、设备来协助处理从规划、筹备、注册、会展到结案的工作。PCO 的具体工作内容包括：会议或展览活动的策划、政府协调、客户招徕、财务管理和质量控制等。PCO 可以是顾问、行政助理或创意提供者，在组委会和服务供应商之间起到纽带的作用。大型的国际会议只有借助专业会议服务公司才能顺利召开，这也是 PCO 在国际上备受重视的原因。总部位于日内瓦的 MCI 公司有着 20 多年的会议组织经验，2006 年的营业额达到了 11 亿美元，是欧洲最大的 PCO 公司。此外，布里斯班的 Intermedia 会展管理公司、香港地区的国际会议顾问公司等都是国际上优秀的 PCO 公司。

DMC 将会议或展览所需的资源进行有机整合，为会议展览定制更专业、更全面的目的地所需的一切服务，弥补了传统的会议公司、旅行社等的服务功能缺陷。DMC 的全方位服务包括：策划组织安排国内外会议、展览、奖励等旅游及其延伸的观光旅游；策划组织安排国内外专业学术论坛、峰会、培训等活动；其他特殊服务，如餐饮、宴会、娱乐、旅馆预定、交通、导游等。DMC

公司的出现，反映了会议业的集成化、活动的多样化、服务的个性化趋势。

3. 发展是永恒的主题

从近50年的发展来看，医学、自然科学、工程技术、经济、教育等推动全人类社会发展和进步的议题一直是国际会议最重要的内容。随着世界经济复苏乏力，全球经济持续低迷，中国经济增速下降，气候变化、环境保护等全球性挑战愈演愈烈，与全球社会发展、经济转型相关的议题，包括生物与生命科学、物联网与智能感知、先进制造、新材料、交通、城市建设、区域经济一体化等将是未来5~10年最受关注的国际会议主题。

2016年9月，二十国集团领导人峰会（G20）在我国杭州成功举办，峰会以"构建创新、活力、联动、包容的世界经济"为主题，二十国集团成员、8个嘉宾国领导人以及7个国际组织负责人与会。峰会发表了《二十国集团领导人杭州峰会公报》和28份具体成果文件。此次峰会就推动世界经济增长达成共识，将建立更紧密的伙伴关系，携手行动，为世界经济增长传递信心；二十国集团成员聚焦创新增长议题，共同制定了创新增长蓝图，以及创新、新工业革命、数字经济三大行动计划。峰会还就气候变化、难民、反恐、反腐败等全球性问题进行了讨论，以期为世界经济的稳定复苏和全人类的发展营造良好的环境。

第三节　全球部分知名会议（论坛）介绍

一、世界经济论坛（World Economic Forum，WEF）

世界经济论坛（World Economic Forum，WEF）是一个非官方的国际组织，总部设在瑞士日内瓦。其前身是现任论坛主席、日内瓦商学院教授克劳斯·施瓦布于 1971 年创建的"欧洲管理论坛"。1987 年，"欧洲管理论坛"更名为"世界经济论坛"。论坛因每年年会都在达沃斯召开，故也被称为"达沃斯论坛"。论坛年会一般是在每年一月下旬召开，会议持续约一周时间，每年都要确定一个主题，在此基础上安排 200 多场分论坛讨论。截至 2010 年，共举办了 39 届年会。

每年的世界经济论坛年会均有来自数十个国家的千余位政界、企业界和新闻机构的领袖人物参加。世界经济论坛已经成为世界政要、企业界人士以及民间和社会团体领导人研讨世界经济问题最重要的非官方聚会和进行私人会晤、商务谈判的场所之一。随着国际形势的发展和变化，世界经济论坛所探讨的议题逐渐突破了纯经济领域，许多双边和地区性问题以及世界上发生的重大政治、军事、安全和社会事件等也成为论坛讨论的内容。

论坛组成的核心是其会员和合作伙伴。至 2003 年,论坛拥有 1000 多个会员,全部是世界知名企业和公司。论坛有选择地与会员建立合作伙伴关系。此外,论坛还有各种性质的会员制组织,涉及政治、经济、文化、宗教、传媒和学术等领域。世界经济论坛每年还与若干国家的政府或企业联合主办各种国际经济讨论会。

世界经济论坛的经济支持来自其 1000 家基金会会员。会员企业需是年收入额在 50 亿美元以上的国际企业(收入额可因行业和区域而异)。同时,这些企业均是其行业或国家中的佼佼者,并对于该行业或区域的未来发展起重要作用。世界经济论坛的基金会会员每年向世界经济论坛支付年费作为世界经济论坛举办各种会议和活动以及运营的费用。世界经济论坛的基金会会员可以选择成为"行业合作伙伴"和"战略合作伙伴",更深入地参加论坛的活动,并发挥其影响力。

世界经济论坛的影响力首先表现在其作为一个"世界级"思想交流平台的作用和对全球舆论的影响。论坛自成立以来,借助包括年会在内的各种会议形式,成为各国政要、企业领袖、国际组织领导人、专家学者就各种世界重大问题交换意见的重要平台。更重要的是,达沃斯年会讨论的都是全球性热点问题或趋势性问题,对全球舆论具有重要影响。世界经济论坛的影响力还表现在其遍布全球的会员和关系网络上。世界经济论坛是会员制组织,其会员来自全球各地区的 1100 多家大型跨国公司，其中有全球 500 强中的绝大部分公司。除企业界外，论坛还与世界各国的政界、学界、媒体高层建立了广泛的关系网络。

世界经济论坛还同时作为一个智库研究论坛社区所关注的事务，并对此发表广泛的研究报告。尤其值得关注的是论坛的"战略分析团队"，此团队致力于在国家竞争力评估、全球风险评估和预期模式规划与思考等相关领域撰写报告。

自 1979 年以来，中国一直与世界经济论坛保持着良好的关系，世界经济论坛于 2007 年开始每年在中国举办世界新领军者年会（"夏季达沃斯"论坛）。夏季达沃斯论坛的目的是为"全球成长型公司"创造一个与成熟企业共同讨论、分享经验的平台。

二、亚欧会议

亚欧会议是亚洲与欧洲之间的政府间论坛。1994 年 7 月，欧盟制定了《走向亚洲新战略》，主张与亚洲进行更广泛的对话，建立一种建设性、稳定和平等的伙伴关系。1994 年 11 月，新加坡总理吴作栋提出召开亚欧会议的倡议，得到各方广泛积极响应。1996 年 3 月 1 日至 2 日，首届亚欧首脑会议在泰国曼谷举行，标志亚欧会议正式成立。

根据首次亚欧会议通过的《主席声明》，亚欧会议的目标是在亚欧两大洲之间建立旨在促进增长的新型、全面的伙伴关系，加强相互间的对话、了解与合作,为经济和社会发展创造有利的条件,维护世界和平与稳定。亚欧会议遵循以下原则:各成员之间对话的基础应是相互尊重、平等、促进基本权利、遵守国际法规定的义务、不干涉他国的内部事务;进程应是开放和循序渐进的,后续行动应在协商一致的基础上进行;扩大新成员应由国家元首和政府首脑协商一致决定;通过对话增进相互了解和理解以确定优先领域并共同合作。

亚欧会议的合作领域十分广泛,可分为三类:① 政治对话,内容包括亚欧双方共同感兴趣的问题。② 经济合作,主要内容包括加强亚欧在科技、农业、能源、交通、人力资源开发、消除贫困和保护环境等方面的合作;促进亚欧两大洲相互间的贸易与投资,并就加强全球贸易体系话题进行磋商与合作。③ 学术、文化、人际交流与合作。

三、博鳌亚洲论坛

博鳌亚洲论坛(Boao Forum for Asia,BFA),由 25 个亚洲国家和澳大利亚发起,于 2001 年 2 月 27 日在海南省琼海市万泉河入海口的博鳌镇召开大会,正式宣布成立。论坛为非官方、非营利、定期、定址的国际组织;为政府、企业及专家学者等提供一个共商经济、社会、环境及其他相关问题的高层对话平台;海南博鳌为论坛总部的永久所在地。

020 峨眉论坛
面向"一带一路"的开发论坛与新型国际组织

　　博鳌亚洲论坛是第一个把总部设在中国的国际会议组织。论坛总部选择在中国海南博鳌，是亚洲地区的一些前领导人向中国高层领导提出的建议。他们认为，海南作为中国最大的经济特区，是中国深化与国际社会联系的实验区；海南省以建设生态省为目标，说明它当前和未来的发展重点是生态产业，这是亚洲和国际社会所看重的领域，符合世界经济发展潮流；海南博鳌是一个专门为论坛设计的集生态、休闲、旅游、智能和会展服务为一体的综合功能区，有着十分宜人的自然地理环境；1999年10月，中国国家领导人在会见论坛发起人时表示，将为论坛的创建提供支持与合作；海南省政府已经为论坛的创建提供了多方面的实际支持，并承诺继续为论坛的创建和运作提供高效、优质的服务。

　　作为一个非官方、非营利、定期、定址、开放性的国际会议组织，博鳌亚洲论坛以平等、互惠、合作和共赢为主旨，立足亚洲，推动亚洲各国间的经济交流、协调与合作；同时又面向世界，增强亚洲与世界其他地区的对话与经济联系。论坛理事会成员达成一致意见后，论坛年会一般会在每年的3月或者4月举行。论坛为政府要员、商业领袖和知名学者提供了一个高层对话平台，以增进和深化贸易与投资联系，推动建立伙伴关系，在应对不断出现的全球性经济挑战方面，阐明各自的观点。论坛的作用还有：增进亚洲跨文化间的相互理解，增强该地区私营团体的社会责任感；创造一个良好的环境，强化商业团体在寻求增长和进步过程中的和谐共生关系，以实现该地区经济的可持续发展；培育和增进区域内网络机制和地区战略联盟的概念，以增加全球化过程中，亚洲内部、亚洲与世界其他地区之间的贸易和投资机会；为人力资源开发，以及涉及该地区及其与世界其他地区关系的重要研究活动，提供智力支持。

四、世界互联网大会（WIC）

世界互联网大会（World Internet Conference，WIC），别名乌镇峰会，是由国家互联网信息办公室、浙江省人民政府主办的活动，计划每年举办一次，其核心精神是推动网络主权概念的平台，活动地点定于浙江省嘉兴市桐乡市乌镇镇。

互联网的出现与发展，不过是短短十几年间的事。但是，它对世界的影响却是深远的、不可预测的、不容忽视的。互联网不仅涉及网络文化传播、经济创新发展、数字经济整合乃至互联网技术标准、互联网治理等前沿热点问题，直接关联、困扰着小到"普通人"的福祉，大到"国家政体"的安全稳定、健康发展，无所不及、无所不能。"互联网＋"元素已经融入了政治生活、经济建设、生态文明、精神风貌以及日常生活、文化传承、交通旅游、医疗健康等领域的方方面面。在这样的背景下，中国发起了世界互联网大会，目前已经成功举办两届，第一届世界互联网大会于

2014年11月19日—21日举行，近100个国家和地区的1000多名网络精英齐聚乌镇。这是中国首次举办的规模最大、层次最高的互联网大会，也是世界互联网领域一次盛况空前的高峰会议。第二届互联网大会以"互联互通·共享共治——共建网络空间命运共同体"为主题，围绕全球互联网治理、网络安全、互联网与可持续发展、互联网知识产权保护、技术创新以及互联网哲学等诸多议题进行探讨交流。

乌镇峰会受到全世界政要、互联网巨头的高度关注，国家主席习近平、俄罗斯总理梅德韦杰夫等领导人出席会议，50多个国家的部长出席，数百名来自世界知名互联网企业的负责人参会，其中美国最多，达100多人。重要的互联网企业悉数到场，包括苹果、高通、甲骨文、思科、微软、IBM、英特尔、脸谱等。雅虎、诺基亚、麦肯锡、SAP、ARM、尼尔森、三星、西门子，汤森路透、彭博等媒体，红杉资本沈南鹏、IDG熊晓鸽、CBC宽带资本、美银美林集团、软银、布莱尔资本等金融机构和风险投资机构的负责人出席大会。中国移动、中国电信、中国联通、百度、阿里巴巴、腾讯、京东、小米、奇虎360、联想、海尔、中兴、华为、娃哈哈、吉利等国内主要的物联网知名企业负责人也都出席峰会。

第四节　中国的需求与发展机遇

在 2015 福布斯全球企业 2000 强榜单上，全球规模最大、最有实力的 2000 家上市公司年度总营收达 39 万亿美元，总利润达 3 万亿美元，总资产达 162 万亿美元，总市值达 48 万亿美元。中国是上榜数量第二的国家，新上榜公司数量超过任何其他国家。亚洲国家有 691 家上榜公司，超越北美（645 家）和欧洲（486 家）。在全球范围内，公司的力量正与政治的力量一道，成为影响国家、影响区域、影响世界的两股强大力量。公司力量的崛起必然带来公司发声的冲动，从达沃斯世界经济论坛到圣彼得堡国际经济论坛，从亚欧会议到博鳌亚洲论坛，商业巨子、政界领袖、学术精英间的对话与讨论，主导着世界经济的全球化进程与区域经济合作发展。

在中国本土范围内，近些年来，中国企业界围绕国家战略、行业发展、治理模式、技术创新、产业链开发频繁亮相、密集发声。2015 年 6 月，第十届中国工业论坛召开，国家工业和信息化部、中国工业经济联合会、中国国际经济交流中心等主管部门、行业机构、龙头企业、工业园区等代表 300 余人出席论坛，围绕《中国制造 2025》规划纲要，突出"中国创造、中国质量、中国品牌"，设计推出了中国工业企业品牌竞争力评价发布、国产重大技术装备首台（套）示范项目发布、中国工业年度人物和单位发布、中国工业品牌新丝路之旅、首届海峡两岸工业发展论坛等系列主题活动，服务产业、服务政府、服务企业，推动新型工业化发展和工业企业转型升级。2015年9月，SICOT世界骨科大会在广州白云国际会议中心开幕，来自89个国家和地区的数千名骨科专家、行业代表、医院管理者云集广州，围绕创伤骨科、脊柱外科、关节外科、运动医学科、儿童骨科、骨肿瘤、骨科基础研究等领域展开讨论交流，介绍了显微外科、结核防治、创伤救治、重大自然灾害救治及3D打印技术等方面取得的新成果，特别展示了中国3D打印人工髋关节假体产品化开发等项目的最新进展，融聚高校、行业企业、科研机构、管理部门各方力量，共同推进骨科科学创新和关联产业发展。

此外，亚布力中国企业家论坛、中国500强企业高峰论坛、中国中小企业上市规划发展论坛、中国企业国际化论坛、中国经济50人论坛等高端论坛亦是盛况空前，汇聚着思想的力量、科技的力量、资本的力量和人物的力量，涵养着集经济论坛、产业论坛、学术论坛于一体的综合性论坛的名气、人气、财气。现今，在蓬勃的中国企业力量的助推之下，中国企业话题正在日益具象、广泛、深入，话题市场亦正不断扩容、提质、升级，正在成为引领助推中国经济发展、产业转型升级的强劲体制外力量。

中国政治稳定，经过几十年的快速增长，2015年GDP已约占全球13%，稳居全球第二，交通、通信、第三方会议服务等条件不断成熟，社会和自然环境都为中国发展国际会议产业提供了必要的基础条件。同时，中国不断深化改革，推进产业结构调整，发布《中国制造2025》……中国在基础设施建设、核电、航天、轨道交通的全球竞争优势对帮助第三世界国家建设，促进世界经济复苏提供了保障和机遇。这些，都为我国进一步发展国际会议产业提供了必要的外部环境和热点话题，我国会议产业有望迎来快速发展的黄金期。

第二章 "一带一路"倡议的实施

第一节 "一带一路"倡议实施的意义：内外统筹的主战略

在2014年12月9日至11日召开的中央经济工作会议上，习近平总书记提出2015年要重点实施"一带一路"、京津冀协同发展、长江经济带三大战略，争取2015年有个良好开局。由此形成了统筹国内国际两个大局，按照"五位一体"总体布局和"四个全面"战略布局，牢固树立和贯彻落实创新、协调、绿色、开放、共享的发展理念，适应经济发展新常态的"三大国家战略"。

一、"三大国家战略"的基本内涵

"一带一路"："丝绸之路经济带"重点畅通中国经中亚、俄罗斯至欧洲（波罗的海），中国经中亚、西亚至波斯湾、地中海，中国至东南亚、南亚、印度洋。"21世纪海上丝绸之路"重点方向是从中国沿海港口过南海到印度洋，延伸至欧洲；从中国沿海港口过南海到南太平洋。

京津冀协同发展：京津冀整体定位是"以首都为核心的世界级城市群、区域整体协同发展改革引领区、全国创新驱动经济增长新引擎、生态修复环境改善示范区"。三省市定位分别为：北京市是"全国政治中心、文化中心、国际交往中心、科技创新中心"；天津市是"全国先进制造研发基地、北方国际航运核心区、金融创新运营示范区、改革开放先行区"；河北省是"全国现代商贸物流重要基地、产业转型升级试验区、新型城镇化与城乡统筹示范区、京津冀生态环境支撑区"[1]。

长江经济带：覆盖上海、江苏、浙江、安徽、江西、湖北、湖南、重庆、四川、云南、贵州等11省市。横跨我国东中西三大区域，具有独特优势和巨大发展潜力。依托黄金水道推动长江经济带发展，挖掘中上游广阔腹地蕴含的巨大内需潜力，促进经济增长空间从沿海向沿江内陆拓展；优化沿江产业结构和城镇化布局，推动我国经济提质增效升级；形成上中下游优势互补、协作互动格局，缩小东中西部地区发展差距；建设陆海双向对外开放新走廊，培育国际经济合作竞争新优势；保护长江生态环境，引领全国生态文明建设，对于全面建成小康社会，实现中华民族伟大复兴的中国梦具有重要现实意义和深远战略意义[2]。

---

[1] 周敏凯，王玲. 关于"四个全面"战略布局中"三大国家战略"内涵的理论思考. 学习与探索，2015（10）.
[2] 长江经济带布局五大城市群［EB/OL］.［2015-07-12］.http://www.ccud.org.cn/2014-09-26/114346778.html.

二、"三大国家战略"的总体思路

"一带一路":共建"一带一路",秉持和平合作、开放包容、互学互鉴、互利共赢的理念,以"五通",即政策沟通、设施联通、贸易畅通、资金融通、民心相通为主要内容,全方位推进务实合作,打造政治互信、经济融合、文化包容的利益共同体、责任共同体和命运共同体。具体包括三个方面:一是把握好合作方向。"一带一路"贯穿亚欧非大陆,一头是活跃的东亚经济圈,一头是发达的欧洲经济圈,中间是发展潜力巨大的腹地国家。二是共建国际经济合作走廊。陆上依托国际大通道,以沿线中心城市为支撑,以重点经贸产业园区为合作平台,共同打造新亚欧大陆桥、中蒙俄、中国-中亚-西亚、中国-中南半岛等国际经济合作走廊。海上以重点港口为节点,共同建设通畅安全高效的运输大通道。中巴、孟中印缅两个经济走廊与"一带一路"建设关联紧密,将进一步推动合作,取得更大进展。三是推动形成区域经济一体化新格局。"一带一路"建设是沿线各国开放合作的宏大经济愿景,需要各国携手努力,朝着互利互惠、共同安全的目标相向而行,尽早建成安全高效的陆海空通道网络,实现区域互联互通,促进投资贸易便利化达到一个新水平,彼此之间经济联系更加紧密,政治互信更加深入,形成更大范围、更宽领域、更深层次的区域经济一体化新格局。同时,要推动"一带一路"沿线各国人文交流更加广泛深入,使不同文明互鉴共荣,各国人民友好相处。

京津冀协调发展：京津冀确定了"功能互补、区域联动、轴向集聚、节点支撑"的布局思路，明确了以"一核、双城、三轴、四区、多节点"为骨架，推动有序疏解北京非首都功能，构建以重要城市为支点，以战略性功能区平台为载体，以交通干线、生态廊道为纽带的网络型空间格局。"一核"即指北京。把有序疏解北京非首都功能、优化提升首都核心功能、解决北京"大城市病"问题作为京津冀协同发展的首要任务。"双城"是指北京、天津，这是京津冀协同发展的主要引擎，要进一步强化京津联动，全方位拓展合作广度和深度，加快实现同城化发展，共同发挥高端引领和辐射带动作用。"三轴"指的是京津、京保石、京唐秦三个产业发展带和城镇聚集轴，这是支撑京津冀协同发展的主体框架。"四区"分别是中部核心功能区、东部滨海发展区、南部功能拓展区和西北部生态涵养区，每个功能区都有明确的空间范围和发展重点。"多节点"包括石家庄、唐山、保定、邯郸等区域性中心城市和张家口、承德、廊坊、秦皇岛、沧州、邢台、衡水等节点城市，重点是提高其城市综合承载能力和服务能力，有序推动产业和人口聚集。①

长江经济带：把长江经济带建设成为具有全球影响力的内河经济带、东中西互动合作的协调发展带、沿海沿江沿边全面推进

---

① 京津冀一体化提速，首都副中心争夺战打响［EB/OL］.（2014-04-14）［2015-07-12］.http://news.hexun.com/2014-04-14/163896909.html.

的对内对外开放带和生态文明建设的先行示范带。提升长江黄金水道功能,建设综合立体交通走廊,创新驱动促进产业转型升级,全面推进新型城镇化,培育全方位对外开放新优势,建设绿色生态廊道,创新区域协调发展体制机制。建立区域互动合作机制,推进一体化市场体系建设,加大金融合作创新力度,建立生态环境协同保护治理机制,建立公共服务和社会治理协调机制。

三、"三大国家战略"的异同

京津冀协同发展战略和长江经济带国家战略的战略定位是国内区域一体化协同发展。"一带一路"的战略定位是国际区域自由贸易区建设与积极参与新一轮国际自由贸易规则制定的战略。

三大国家战略尽管分工不同,但是也存在一些共同特点:其一,肩负共同的使命。即探索中国经济"新常态"下的转型升级与国际区域经济合作发展的新动力、新模式,积极参与国际自由贸易规则的制定。其二,战略重点相同。三大国家战略更关注经济发展结构的优化与经贸规则制度的全面协调与创新,而以往的国家发展战略一般注重地理空间的优化利用与开发。其三,选择路径类同。从传统的"点"状发展方式调整为由点连成"线与面"的优化发展方式。国内发展方式创新表现为,从国家开发区、国家级新区的"点"状发展方式,调整为由相对发达城市群带动的更加宽广的城乡一体化的区域协同发展方式。国际方式创新表现为，从各国政府间、企业间双边经贸的碎片状联系形式创新为以开放包容、合作共赢战略为指导，各国基础设施建设与金融合作为主导，各国经贸制度相协调，各国政府、企业与社会组织广泛参与的欧亚自由贸易区建设。

四、"一带一路"是主战略

"一带一路"、京津冀协同发展、长江经济带三大战略中，之所以将"一带一路"称为主战略，是因为从涉及地域和意义来看，正如习近平主席说言："一带一路"是中国腾飞的两只翅膀，也是亚洲腾飞的两只翅膀。[①] "一带一路"倡议不是孤立的，也不是中国大战略的全部，它立足于中国国内的全面深化改革开放和全方位开放（四个自贸区、长江经济带、京津一体化），与亚太自贸区（FTAAP）构成中国的"一体两翼"大战略。"一带一路"倡议包括了对内和对外两个政策方向，是中国政府对内发展政策和对外交往政策的有机结合，是京津冀协同发展、长江经济带战略的对外延伸和有机链接。

从实际操作和战略内容来看，"一带一路"倡议不仅仅是内外两个市场紧密互动的、富民强国的、推进区域共同市场发育与世界经济增量再平衡的最重要的国家经济发展战略和外交战略，也是创造发展机会实现均衡发展、缓解民族矛盾与文明冲突、建构

---

① 王义桅. "一带一路"机遇与挑战. 北京：人民出版社，2015：10.

人类命运共同体最重要的社会文化发展战略。通过"一带一路"倡议，中国靠结构性优势创造的产能能给亚洲乃至世界带来"增量再平衡"的新机制，这是美日欧都无法替代的。因为，亚洲国家尤其是人口大国普遍滞后的工业化与城市化决定了其对中国能力的结构性需求，中国，能通过"一带一路"倡议和供给侧改革实现结构调整与产业升级，同样可以为中国提供对美日欧新兴产业的结构性需求。通过"一带一路"倡议的实施与实践，世界经济会因中国与亚洲乃至"一带一路"沿线国家工业化与产业化能力的互动、会因中国与美日欧新兴产业能力的互动而形成增量再平衡的循环递增机制，能造就中国在全球市场的轴心地位。

"一带一路"倡议不仅能为中西部内陆地区提供加速对外开放的机遇，又能解决中国过剩产能的市场、资源的获取、战略纵深的开拓和国家安全的强化这几个重要的战略问题，"一带一路"作为中长期最为重要的发展战略，当然是"三大战略"的主战略。

第二节 "一带一路"倡议的推进：
超预期的早期收获

近三年来，"一带一路"建设起步顺利，开局良好，以实实在在的成果，诠释了和平合作、开放包容、互学互鉴、互利共赢的丝路精神，彰显了中国提出这一世纪倡议的深孚众望。正如2016年8月17日，习近平总书记在出席推进"一带一路"建设工作座谈会时指出的："'一带一路'建设从无到有、由点及面，进度和成果超出预期。"外交部部长王毅从8个方面进行了概括：①

一、国际共识日益增多

已有70多个国家和组织表达了支持和参与，超出了传统的"一带一路"范围，真正形成了具有广泛影响的国际合作框架。同时34个国家和国际组织与中国签署了共建"一带一路"政府间合作协议，在此基础上，还将进一步形成具体的合作规划。2016年4月，与联合国亚太经济社会委员会签署合作意向书，具有重要象征意义。"一带一路"沿线国家的文化背景不同、经济发展阶段各异，而这项由中国发出的国际倡议能够被广泛接受和认可非常不易。

二、金融支撑机制开始发挥作用

亚洲基础设施投资银行2016年初开业运营。丝路基金首批投资项目正式启动。沿线国家积极探讨建立或扩充各类双多边合作基金，金融合作正在迅速展开，为重点项目建设提供了强有力支持。400亿美元的丝路基金与1000亿美元的亚洲基础设施投资

---

① "一带一路"提出近3年来有哪些重要早期收获？[2016-06-28]. http://www.rmlt.com.cn/2016/0628/430495.shtml.

银行先后成立并开始投资项目。不仅如此,包括广东、福建的地方版丝路基金纷纷成立,现有 20 多个各类基金支持参与"一带一路"建设。截至目前,中方设立的各类多双边产能合作基金已超过 1000 亿美元。

三、互联互通网络逐步成型

互联互通是建设"一带一路"的基础性工程,把欧亚大陆的陆、海、空、网连接起来,从而为彼此合作创造更好条件。目前,匈塞铁路、雅万高铁陆续开工,中老、中泰等泛亚铁路网开始启动,一批高速公路建设正在推进。与此同时,海上互联互通蓄势待发,在中国香港地区召开的"一带一路"高峰论坛十分成功,反响热烈。随着"一带一路"理念的提出和推进,互联互通开始成为一种时尚,"痛则不通,通则不痛"的中国式文化与哲学思想开始备受瞩目。

四、产能合作加快推进

中国已与 20 个国家签署了协议,开展机制化的产能合作,一大批重点项目在各国落地生根。中国与哈萨克斯坦是国际产能合作的先行者,目前已形成 52 个早期收获项目,总投资 270 亿美元,尤其是开创了国际产能合作模式,发挥着重要的示范效应。产能合作提升了"一带一路"沿线国家的工业化、城市化水平。

五、经济走廊建设取得重要进展

中蒙俄三方已就建设经济走廊达成共识，正抓紧编制规划纲要。中巴经济走廊起步早、进展快，已实质性启动一批重大项目建设。新亚欧大陆桥经济走廊、孟中印缅经济走廊的建设也在稳步向前推进。

六、中欧班列品牌业已形成

中欧班列迄今已成功开行1500多列。仅2015年一年中欧班列就开行815列，是2014年的2.7倍。国内开行城市已达10个，到达沿线国家7个，常态化运输机制开始形成。这对拉动沿线国家经济发展、促进贸易往来将发挥越来越重要的作用。波兰哈特兰斯物流公司首席执行官托马什·格热拉克称："如今的中欧班列就是一条连接中国与中东欧国家的'新丝路'。开通中欧班列的意义不仅仅局限于这趟列车的经济价值和效益，这趟列车还将成为波中两国人民之间文化、科技和旅游交流的桥梁，帮助两国人民进一步增进相互了解、加深友谊。"

七、贸易投资大幅增长

"一带一路"沿线国家大多处于工业化、城市化的重要阶段，"一带一路"倡议实施以来，区域贸易和投资增长迅猛，年均增速高于全球平均水平近一倍。2015年，中国企业对"一带一路"相关的49个国家开展了直接投资,投资额共计150亿美元。沿线各国都在努力提升贸易投资便利化水平,探讨各种类型的自贸区或一体化进程。"一带一路"倡议提出三年来,国际社会关注度越来越高,认同感增强,期望值也在上升。同时沿线国家投资和贸易大幅增长,为国家间的合作凝聚了更大共识。

八、人文交流更加密切

设立了"丝绸之路中国政府奖学金",与沿线国家互办文化年、艺术节,实施"丝绸之路影视桥工程"和"丝路书香工程","一带一路"人文合作取得了积极成果。"丝绸之路"联合申遗取得成功,"海上丝绸之路"联合申遗业已启动。

第三节 "一带一路"倡议实施的基础:设施联通的奠基性

互联互通是时代潮流,是"一带一路"倡议的基础和前提,在亚太经合组织(APEC)北京峰会上,习近平总书记表示:"如果将'一带一路'比喻为亚洲腾飞的两只翅膀,那么,互联互通就是两只翅膀的血脉经络。"

一、基础设施联通是"一带一路"建设的优先领域

基础设施建设不是孤立的产业,更不是单凭中国一己之力就可以完成的。在基础设施建设上要共同合作,这将促进能源开发、金融合作、海港、物流交通等领域的战略互信,从而实现"以交通基础设施为突破,实现亚洲互联互通的早期收获"的愿景。

在尊重相关国家主权和安全关切的基础上,沿线国家宜加强基础设施建设规划、技术标准体系的对接,共同推进国际骨干通道建设,逐步形成连接亚洲各次区域以及亚欧非之间的基础设施网络。强化基础设施绿色低碳化建设和运营管理,在建设中充分考虑气候变化影响。主要包括:

交通基础设施:抓住交通基础设施的关键通道、关键节点和重点工程,优先打通缺失路段,畅通瓶颈路段,配套完善道路安全防护设施和交通管理设施设备,提升道路通达水平。推进建立统一的全程运输协调机制,促进国际通关、换装、多式联运有机衔接,逐步形成兼容规范的运输规则,实现国际运输便利化。推动口岸基础设施建设,畅通陆水联运通道,推进港口合作建设,增加海上航线和班次,加强海上物流信息化合作。拓展建立民航全面合作的平台和机制,加快提升航空基础设施水平。[①]

---

① 国家发改委,外交部,商务部. 推动共建丝绸之路经济带和21世纪海上丝绸之路的愿景与行动. [2015-04-01]. http://www.mofcom.gov.cn/article/resume/n/201504/20150400929655.shtml.

能源基础设施：加强能源基础设施互联互通合作，共同维护输油、输气管道等运输通道安全，推进跨境电力与输电通道建设，积极开展区域电网升级改造合作。①

国际通信基础设施：共同推进跨境光缆等通信干线网络建设，提高国际通信互联互通水平，畅通"信息丝绸之路"。加快推进双边跨境光缆等建设，规划建设洲际海底光缆项目，完善空中（卫星）信息通道，扩大信息交流与合作。②

二、交通基础设施联通是助推"一带一路"倡议的"先行官"

在铁路、公路、航空、管道、海路五位一体交通基础设施互联互通中，铁路以其基础性、经济性、公益性、社会性、支撑性、引领性等属性，以及安全、便捷、大运量、全天候等优势，必然成为交通基础设施互联互通的首要选择和优先领域，成为助推"一带一路"倡议的"先行官"。

"一带一路"旨在促进经济要素有序自由流动、资源高效配置和市场深度融合，推动沿线各国实现经济政策协调，开展更大范围、更高水平、更深层次的区域合作，共同打造开放、包容、均衡、普惠的区域经济合作架构。尤其"丝绸之路经济带"是国内外市场、欧亚市场的紧密互动，也是工业化与城市化的"两化"

---

①② 国家发改委，外交部，商务部. 推动共建丝绸之路经济带和21世纪海上丝绸之路的愿景与行动. [2015-04-01]. http://www.mofcom.gov.cn/article/resume/n/201504/20150400929655.shtml.

互动，从而推进区域共同市场发育与世界经济增量再平衡。无论国内外市场、欧亚市场的紧密互动，还是工业化与城市化的"两化"互动，其首要的条件是交通基础设施的互联互通。

三、交通基础设施联通应优先高铁"走出去"

中国高铁经过多年发展取得了举世瞩目的成就，已经建设并运营着世界最大的高铁网络，积累了应对复杂多样地质条件和气候环境以及长距离、高密度、不同速度等级共线跨线运行的高铁建设与运营技术，建立了完备的中国高铁技术体系。中国高铁具有技术先进、安全可靠、性价比高、兼容性好、产品交货期有保证、运营经验丰富、建设运营适应性强等比较优势，还有建设与装备有机结合的整体优势，以及投融资支持的综合优势。中国政府力推"一带一路"倡议和高铁"走出去"，从2013年下半年以来，李克强总理在多次国事访问中，亲任"推销员"大力推销中国高铁。高铁"走出去"已然成为"一带一路"的"子战略"。

一方面，通过高铁能形成一个巨大的区域市场共同体。中国高铁"走出去"战略的方向是全方位的：西向欧洲并行两线远及巴黎，东向绕过大洋直抵美国，北面横贯莫斯科、柏林、伦敦，南经泰国延伸到新加坡。尤其是欧亚高铁、中亚高铁和泛亚高铁这三条线路，其战略布局意义非常深远。若能建成，届时中国、欧盟、俄罗斯和印度几个超级经济体所处的欧亚大陆乃至整个非洲大陆，将会通过高铁形成一个巨大的区域市场共同体。

另一方面，通过高铁才能实现各区域市场间人流、物流的快速、高效、便捷畅通。中国正抓紧与"一带一路"沿线国家一道，积极规划建设中蒙俄、新亚欧大陆桥、中国—中亚—西亚、中国—中南半岛、中巴、孟中印缅六大经济走廊，搭建"丝绸之路经济带"的陆地骨架。交通部规划的中—老—泰、中—蒙、中—俄、中—巴、中—吉—乌、中—哈、中—塔—阿—伊、中—印、中—越等九大"一带一路"交通重点项目，基本构建起了对内连接运输大通道、对外辐射全球的丝路走廊，从而能够充分发挥铁路在促进区域资源流动、贸易往来、人文交流及推动区域经济一体化进程中的基础性作用。

当前，中国高铁"走出去"聚焦在欧亚、中亚、泛亚三个战略方向，建设经俄罗斯进入欧洲的欧亚铁路，改变中国对外贸易长期以来对海运的依赖；建设经中亚到达德国的中亚铁路，拓展与欧洲和非洲内陆国家的经贸合作，形成物流黄金干线；建设从昆明出发，连接东南亚国家，一直抵达新加坡的泛亚高铁，打通向南出海口，形成向印度洋开放的新格局。这三个"走出去"战略方向紧跟国家"一带一路"倡议建设步伐，结合了六大经济走廊建设，应摆在交通基础设施联通建设的优先领域。

第四节 "一带一路"倡议实施的曲折：
　　　　以高铁"走出去"为例

近年来，每个"走出去"的中国高铁项目几乎都是"一波三折"，出现反复甚至颠覆性的情况。整体上看，中国高铁"走出去"缺少具有鼓舞人心的标志性和带动性项目。

一、流产的海外高铁项目

终止的美国西部快线中国高铁合同："西部快线高速铁路"曾被认为将是中国在美国建设的第一个高速铁路项目。2015年9月13日，由中国铁路总公司牵头的中方联合体在美国注册成立的中国铁路国际（美国）有限公司，在美国拉斯维加斯市与美国西部快线公司（XpressWest）就组建合资公司、加速启动连接拉斯维加斯和洛杉矶的高速铁路项目签署合作框架协议，即建设并经营"西部快线高速铁路"。该高铁全长约370千米，初始投资1亿美元，原计划于2016年9月开工建设。协议明确规定双方应按照市场化原则和商业惯例开展投资合作，也应严格遵守已签署协议作出的承诺，通过适当的途径解决双方的纠纷，依法维护自身权益。中方在签署协议后积极推进建设"西部快线高速铁路"的前期工作，可是到了2016年6月9日，美国西部快线公司单方面发布公告称，正式终止与中国铁路国际（美国）有限公司为建造美国高速客运铁路而组建合资公司的一切活动，但该公司将继续寻找其他的合作伙伴和合作方式，以推动这一铁路项目。美国西部快线公司这一做法违背了双方在合作框架协议中的约定：任何一方对外发布信息，必须经对方同意。针对美国西部快线公司这一行为，中国铁路总公司于6月10日发表声明，表示已依法进行交涉。①

夭折的墨西哥高铁项目：该路连接首都墨西哥城至该国第三大城市克雷塔罗州，全长210公里，设计时速300公里，单程运行时间58分钟，预计日均客运量2.7万人次，预计投资约43亿美元，该项目估计将提供2万个直接就业岗位和4.1万个间接就业岗位。参与该高铁项目竞争的除中国铁建股份有限公司外，还有日本三菱公司、加拿大庞巴迪公司、德国西门子公司、法国阿尔斯通公司等16家公司，但是由于其要求竞标和建造时间周期较短，仅剩中国铁建牵头的国际联合体能达到要求。2014年11月3日，墨西哥通信与交通部公布由中国铁建牵头的国际联合体中标了墨西哥城至克雷塔罗州的高速铁路项目。但仅仅3天后，在外界质疑和国内的压力下，墨西哥单方面宣布撤销中标结果。2015年1月14日，墨西哥官方宣布重启项目招标，并确认有包括中国

---

① SNLance. 为什么美国终止了中国在洛杉矶与拉斯维加斯之间修高铁的项目?. http://www.zhihu.com/question/47281426/answer/105406034.

公司、西门子、庞巴迪、阿尔斯通在内的5家企业有意参与新一轮招标。可是在1月30日，墨西哥官方又改变主意，决定无限期搁置高铁项目。按照项目投标成本占项目金额0.5%计算，此举会给中铁建联合体造成上亿元人民币的损失。为此，2015年2月，中国铁建向墨西哥政府提出了索赔申请。直到2016年5月，墨西哥交通运输部副部长尤里里亚·马斯科特表示，由于取消高铁项目，墨西哥政府的相关法律部门正在评估中国铁建提交的索赔申请，法律团队预估赔偿金额近2000万比索、约合810万元人民币，但与中国铁建的索赔诉求相去甚远。①

失利的印度首条高铁竞争：印度总理莫迪上台后，大力推进印度发展高铁，打造钻石高铁网，为此将引进高铁建设运营技术的目光投向了中国和日本。印度政府计划修建高铁连接国内主要城市，包括孟买至艾哈迈达巴德、新德里至昌迪加尔、新德里至加尔各答、孟买至新德里、金奈至班加罗尔、班加罗尔至孟买等多条线路，制定了连接德里、孟买、金奈和加尔各答4大主要城市的"钻石四边形"高铁网规划。其中艾哈迈达巴德至孟买是印度计划修建的首条高铁。此条高铁线路南北总长505.8千米，将连接印度最大城市孟买到古吉拉特邦的艾哈迈达巴德。预计运营时速320千米，投资额为158亿美元，从孟买到艾哈迈达巴德所需时间将从目前的约8小时缩短到2小时。2014年9月，中

---

① 付晓英. 墨西哥高铁为什么夭折?. http://blog.sina.com.cn/s/blog_470bf2570102wlt7.html.

印两国就印度铁路现代化合作以及合作开展高速铁路项目可行性研究达成一致,实际上是正式宣布将与早已介入印度高铁可行性研究的日本进行订单争夺,使日本感受到了拿下首条印度高铁所面临的严峻竞争。为与在中国高铁的竞争中拿下印度首条高铁订单,日本政府改变策略,于2015年6月份提出,愿意提供154.4亿美元低息贷款(还款期限长达50年,利息更是低至0.1%),化价格劣势为优势,并很快在7月21日正式向印度铁道部递交了印度"孟买—艾哈迈达巴德"高铁项目可行性研究报告。12月,日本首相安倍晋三访问印度与莫迪签署协议,确定印度将采用日本新干线技术建设孟买到艾哈迈达巴德高铁。[1]

一波三折的中泰铁路合作项目:中泰铁路是泛亚铁路网的重要一环。2012年10月,时任泰国总理的英拉到中国出访,在李克强总理陪同下乘坐了京津高铁后提出引进中国高铁技术的想法。2013年10月,中泰两国签署了《中泰政府关于泰国铁路基础设施发展与泰国农产品交换的政府间合作项目的谅解备忘录》,即中国参与泰国铁路项目建设,泰国用农产品抵偿部分费用,被媒体称之为"高铁换大米"。2014年5月泰国政局变动,陆军总司令巴育接任总理,泰国宪法法院判决项目违宪,中泰高铁项目完全停滞。9月,泰国新政府拟重新启动"大米换高铁"计划。

---

[1] 毛晓晓. 印度为什么选日本不选中国高铁?. [2015-12-21]. http://news.mydrivers.com/1/462/462378.htm.

12月,中泰两国签署《中泰铁路合作谅解备忘录》和《中泰农产品贸易合作谅解备忘录》,这意味着中泰两国"大米换高铁"的合作正式重新开启。2015年年初,中泰铁路合作联合委员会启动合作谈判,历经九轮协商,于12月3日在曼谷签署了中泰政府间铁路合作框架协议。该框架协议规划的线路与最初的规划线路相去甚远。原规划中的路线全长约860千米,呈"人"字形,贯穿泰国南北。它北起泰国东北部重要口岸廊开,一路向南,经乌隆府、孔敬府、呵叻府,东南方向至泰国南部工业重镇罗勇府港口玛塔卜,西南方向至泰国首都曼谷,一共途经泰国10个府。现规划修改后的路线将只包括从泰国首都曼谷至东北部城市呵叻一段。这段铁路全长250千米,还不到此前规划路线的1/3,终点呵叻距离泰国与老挝的边境仍有大约400千米,使规划中的泛亚铁路在泰国境内形成了"断头路"。即使这样,2016年3月25日,泰方突然宣布,选择自己为该项目筹措资金,不再谋求中国的资金支持,开工日期可能会推迟到年底。同年8月6日,泰国与日本就曼谷至清迈高速铁路项目签订合作备忘录,明确提出采用日本新干线技术,预计2018年开工。为了平衡,泰国才宣布中泰铁路首段于2016年9月开工。①

中国高铁技术先进,安全可靠,成本具有竞争优势,但为何

---

① 钮文新. 中泰铁路合作再生变故 一波三折原因何在. [2016-04-02]. http://mt.sohu.com/20160402/n443208902.shtml.

频频在与主要竞争国的竞争中失利呢？关心中国高铁"走出去"的各界从不同层面给出了自己的解释。从中国"一带一路"倡议实施的角度观察，应从与沿线国家合作的政策沟通、设施联通、贸易畅通、资金融通、民心相通"五通"的内在关系上寻找解决中国高铁"走出去"面临问题的答案。

二、"五通"协同推进高铁"走出去"

《推动共建丝绸之路经济带和21世纪海上丝绸之路的愿景与行动》中对于"五通"在"一带一路"倡议实施中的各自定位和主要内容均有明确的表述：加强政策沟通是"一带一路"建设的重要保障、基础设施互联互通是"一带一路"建设的优先领域、投资贸易合作是"一带一路"建设的重点内容、资金融通是"一带一路"建设的重要支撑、民心相通是"一带一路"建设的社会根基。从中可以清晰地看出实施"一带一路"倡议时：设施联通的基础是政策沟通，政策沟通畅通与落实的根基是民心相通，资金融通是实现设施联通和贸易畅通的支撑与手段，贸易畅通是政策沟通、设施联通、资金融通和民心相通的最终目的。其中政策沟通和民心相通的成效直接关系到其他"三通"的成败。中国高铁"走出去"一波三折的案例证明了上述判断。

美国西部快线公司在宣布终止与中铁国际美国西部高铁项目合作协议的声明中含糊地说，终止的原因在于：中铁国际"无法及时履行其相关义务",而且在推进项目的过程中,中方在获取"必要的授权"方面面临了挑战。这个"必要的授权"是按照美国联邦政府的规定,高铁列车必须在美国生产,而美国目前又没有生产高铁列车,中国高铁列车要出口美国,中铁国际就必须得到美国政府的相关批准。而中铁国际在与美方的协商中,迟迟无法得到美国政府的相关批准。有人认为美国终止西部高铁项目合作受到地缘政治影响。不可否认有这一因素,但不是主要和决定性的。从已经公开的有限信息来看,还是沟通的问题。一是沟通的主体。中方与美国政府沟通获得美国政府相关批准的主体是中铁国际。中铁国际成立于2015年7月14日,由中铁股份有限公司、中铁二院美国公司、中国中车青岛四方有限公司、中建(美国)公司和中国铁路通信信号国际有限公司等各中国公司组成。成立时间短、人员构成复杂,直接导致第二个沟通障碍——信息不对称,表现在:① 可行性,即美国西部高铁的所在地没有足够的人口和客流,从商业角度来看是不可行的;② 投资建设成本,即美国修建高铁投资高,据世界银行测算,中国建设高铁的成本为每公里1亿至1.25亿元人民币(约合1525万~1900万美元),而美国加州高铁的建设成本(不包括土地、机车车辆和建设期利息)高达每公里5200万美元,是中国的3倍多;③ 资金短缺,西部高铁要解决资金问题,必须获得美国联邦贷款。而要解决这些问题就需要对美国的政治运作、经济运行、土地制度、法律法规等有全面深入的了解与研究，从政府和民间两个维度，充分与美国政府、财团、族群、金融和法律机构、高铁沿线居民等进行全方位沟通。

墨西哥高铁中标后又被撤销，据媒体和研究者的分析，主要来自于墨西哥国内压力。一是墨西哥在野党质疑墨西哥政府涉嫌不公正交易。其主要依据是，与中方企业合作的四家公司 Prodemex、Teya、GHP 和 GIA 在墨西哥的影响力都不大，都与执政党革命制度党前总统卡洛斯·萨利纳斯有关，并与现任总统涅托及其夫人关系密切，由此其竞争对手和墨西哥民众认为竞标是不公正的。二是不符合墨西哥的经济消费能力。根据墨西哥国家社会发展政策评价委员会 2012 年的资料，墨西哥的贫困人口占总人口的比重为 45.5%，这就意味着当年有 5300 多万人的收入无法满足其购置食物、药品、住房、交通以及入学等方面的需求。墨西哥人认为修建高铁是一件好事，但高铁是否有持续性、能否自负盈亏，将近 600 亿比索的投资什么时候才能够收回呢？按照单程票价 300 比索来算的话，如果每天的票价收入全部用来偿还投资，收回 600 亿比索需要 20 年的时间，这还没有考虑到运营成本，如果考虑运营成本，有可能 40 年也收不回来。三是征地问题。按照方案设计，高铁需要经过墨西哥、巴曲卡和克雷塔罗三州，而这三个地区也是墨西哥集体农庄和印第安人村社聚集的地区，尤其是墨西哥州和巴曲卡两州。因此高铁建设中将不可避免地占用集体所有制土地，那就需要征地——特别是要征集体所有制的土地。在这个过程当中，任何不慎都可能引起麻烦，甚至可能危及总统地位。

从上述原因可以看出，墨西哥高铁项目的夭折主要在于中方企业对墨西哥复杂的政情、社情和民情缺乏深入的认识，不了解墨西哥的政党关系与运作、企业与政党和政党领袖间的隐情，不了解墨西哥的社会经济状况与民众的生活状态，不了解墨西哥复杂的族群关系，不了解墨西哥土地制度的多样性。而如此纷繁复杂的政情、社情和民情单靠政府层面的政策沟通是无法解决的。唯有通过开展广泛的、长期深入的文化交流、学术往来、人才交流合作、媒体合作、青年和妇女交往、志愿者服务等才能了解真实政情、社情和民情，才有可能找到政策沟通、设施联通、贸易畅通和资金融通的有效路径。日本为获得印度首条高铁订单开展了大量的先期工作，不仅投入了 500 万美元进行可行性研究，而且日本国际协力机构（JICA）还围绕印度铁道部、高铁总公司以及相关行业协会、学术圈以及媒体圈等做了大量深入细致的工作，促使各方都在积极促成日本方案。相比日本，中国企业对这方面的基础工作有所欠缺。

如何才能使中国企业在"一带一路"倡议实施的优先领域，尤其是高铁建设中充分掌握所在国政情、社情和民情，从而在竞争中立于不败之地？从以上案例可以看出，海外高铁竞争中政府层面和企业层面的政策沟通和资金融通至关重要，但无论政策沟通还是资金融通都以民心相通为基础。《推动共建丝绸之路经济带和21世纪海上丝绸之路的愿景与行动》中提出："广泛开展文化交流、学术往来、人才交流合作、媒体合作、青年和妇女交往、志愿者服务等，为深化双多边合作奠定坚实的民意基础"，具体而言包括：深化沿线国家间人才交流合作；积极开展体育交流活动；扩大在传统医药领域的合作；加强科技合作；积极开拓和推进青年就业创业等共同关心领域的务实合作、沿线国家智库之间开展联合研究、合作举办论坛；加强沿线国家民间组织的交流合作。"民心相通"一方面是中国对"一带一路"沿线国家的深度认识和了解。中国政府和企业要充分把握沿线国家的政治、经济、法律、文化、宗教、风俗、族群等的历史和生态。另一方面要让沿线国家深度认识和了解中国实施"一带一路"倡议是坚持共商、共建、共享原则，积极推进沿线国家的经济社会的发展，这一认识不仅要沿线国家的政府和人民认同，也要让世界其他国家的政府和人民认同，这更凸显了"民心相通"在"五通"中的根基作用。

在促进"民心相通"的各个方面，从政府到地方到高校以及各民间组织等，纷纷成立和举办与"一带一路"相关的研究机构、会议和论坛等，以期为"一带一路"倡议的实施提供智力支持。从三年来"一带一路"倡议实施的成效来看，研究机构、会议和论坛等发挥了一定的作用。但由于机构众多、组织分散、地域广阔，未能最大化发挥在政策沟通和民心相通中的作用，在中国高铁"走出去"方面显得尤为突出。那么，就需要集合政、产、学三界的力量，在国家层面组织一个有固定空间、共同话题、汇聚研究力量的大平台，成为集人才培养、话题研究、高端论坛、智力支撑等功能于一体的统领各级各类"一带一路"研究机构、会议和论坛的超级人才库和智库。

第三章　聚焦区域共同市场、产业协同发展和"超级项目"[①]

"一带一路"倡议是涵盖政治、经济、外交、文化、军事、国防各领域的宏大政策安排，直指当今世界面临的三大问题：经济失衡、国家间和国家内部阶层间普遍性的效率与公平矛盾、文明冲突引发的文明演化，寄意通过促进政策沟通、设施联通、贸易畅通、资金融通、民心相通，建立利益共同体、命运共同体、责任共同体。

第一节　撬动"一带一路"倡议的基点是区域共同市场

今天，全球化是世界发展的大势所趋。全球化对人类生存与生活的影响可谓复杂而深远。一方面，作为人类社会现代化的进程和人类社会历史进步的重要标志，全球化的积极作用是显而易见的。另一方面，由于历史的原因（全球化在世界各国各地区的

[①] 主要参见向宏，胡德平，王顺洪，徐飞. 大交通：从"一带一路"走向人类命运共同体. 成都：西南交通大学出版社，2017.

第三章 聚焦区域共同市场、产业协同发展和"超级项目" 053

起点不同)和现实的原因(全球化主要是在资本主义强国的主导之下),它的消极作用也是不言而喻的。众所周知,当下运行的全球化规则是第二次世界大战后由发达国家主导建立的,相应地,这些规则大多体现发达国家的根本利益,而无视或忽视发展中国家的发展。由此就造成广大发展中国家不仅获利有限,而且其发展可能受到某些冲击。换个角度说,当今世界的全球化,只属于少数一些国家,只有它们才是真正参与全球化的主体,其他国家充其量只是全球化的客体和旁观者,命运掌握在他者手中,而且短期内不会有根本的改变。可以这样说,全球化加剧了世界各国的发展差距和国民收入的两极分化,导致世界长期处于不稳定、不平衡、不合理、不平等的状态。

为了抗拒全球化特别是经济全球化的浪潮,一些国家为求得自身问题的解决而"抱团取暖",试图借助区域互助,抵制经济全球化的冲击与裹挟。1958 年,欧洲共同市场在原欧洲煤钢联盟基础上发展出来,成为二战以来第一个区域共同市场;1967 年,由印度尼西亚、泰国、新加坡、菲律宾、马来西亚组成的东南亚国家联盟市场建立;2002 年,非洲 54 国组建了非洲联盟区域共同市场。不知不觉中,与全球化相向而行的区域化和区域共同市场次第形成和发展。到今天,世界上业已出现众多的区域合作组织,如欧盟、东盟、加勒比共同体、南锥体、海合会、东非共同体、中非共同体、西非共同体等,初步形成了各区域全覆盖、各机制相互补充借鉴的复合型区域合作网络。而且，鉴于世界经济在短期内很难出现一个全球化发展的新高潮，可以预见，区域经济一体化将逐渐成为主导性趋势，未来世界还将形成更多的区域共同市场，通过区域互助实现共同发展、共同繁荣。区域共同市场的形成是对全球化的解构，使人类开始步入后全球化时代。

区域共同市场是全球化与全球自由贸易向地缘政治妥协的产物和初级阶段。在发展成熟程度不同的区域共同市场中，边境控制、产品与服务标准、海关税收等贸易壁垒的消解程度不同，资本、劳动力等生产要素和产品、服务等流动的自由度不同。一般认为，区域共同市场在发展中经历共同市场、单一市场和统一市场三个阶段。

根据《推动共建丝绸之路经济带和 21 世纪海上丝绸之路的愿景与行动》规划，中国与"一带一路"沿线国家将依托国际大通道，以沿线中心城市为支撑，以重点经贸产业园区为合作平台，共同打造中蒙俄、新亚欧大陆桥、中国—中亚—西亚、中国—中南半岛、中巴、孟中印缅六大经济走廊。无论是"经济带"还是"经济走廊"，都属于区域经济学概念，是指依托一定的交通运输干线、地理位置、自然环境和资源禀赋而形成的带状经济单元、区域共同市场。区域共同市场的形成将激发区域内的经济活力和市场潜力，通过互联互通发挥关键节点城市的经济集聚和辐射带动功能，连接带动不同等级规模的城市实现经济社会发展，从而形成点状密集、面状辐射、线状延伸的生产、流通一体化的区域大产业、大物流格局。以中蒙俄经济走廊为例,中蒙俄经济走廊将衔接中国"丝绸之路经济带"、俄罗斯"跨欧亚大通道"、蒙古国"草原之路"三大战略倡议,促进三方顺应区域经济一体化发展要求,充分发挥各自比较优势和经济结构的互补性,通过开通"中俄欧"铁路国际货物班列,推进通关和运输便利化,促进过境运输合作,打造跨区域经济合作范例,推进落实三国共同利益诉求和发展意愿。

区域共同市场的建设和发展需要在政治、经济、文化和人民交往等多个层次协同共进。其中,通过以高铁为主的轨道交通激活区域共同市场是前期拉动的重要抓手。对欧盟等较为成熟且经济高度发达的区域共同市场,争取以更高标准、更先进的高铁获得若干示范项目,连接域内经济高度繁荣、人口高度密集的世界级城市,树立中国高铁的品牌形象和国际声誉。但重心应在以发展中国家为主体的区域共同市场。在这些区域共同市场中,以干线高铁连接域内经济繁荣、人口密集的重要中心城市,以城际铁路连接城市群,以市域铁路、轻轨和地铁等连接都会圈内主要就业与居住区,形成层次清晰、结构合理的轨道交通网络。这些轨道交通网络将极大地提升域内生产要素的流动性和产品、服务的流动性,实现互惠与双赢,从而在根本上推动形成并激活区域共同市场。以近邻东盟为例,可以构建以马新高铁、雅万高铁等为骨架，新加坡、吉隆坡、曼谷、雅加达等都会圈轨道交通网络为辅助的轨道交通体系，打通要素市场，提升区域一体化程度。

高铁为主的轨道交通首先可以实现地理上的互联互通，通过连接孤立的城市，扩大已连接城市间的交通与物流容量，提升应对峰值需求和突发事件的冗余度和可靠性，消解区域共同市场建设中的空间壁垒。在空间可达性的基础上，高铁为主的轨道交通通过快速大容量的干线运输，优化和稳定的运营调度，便利和快捷的换乘设计，降低在途损耗时间，扩大通勤圈范围，提升区域互联互通的时间经济性和可行性，消解区域共同市场建设中的时间壁垒。在空间可达、时间可行的基础上，高铁为主的轨道交通打通要素和产品、服务市场，使域内异地土地的利用和劳动力、资本、技术和信息的通畅流动成为可能，使产品和服务得以沿轨道铺开并深入腹地，充分增加供给与需求间匹配连接的多样性和复杂度，从根本上激发区域经济活力。

在后全球化时代，高铁为主的轨道交通作为区域共同市场的基础和先导，可在既有政治经济条件下实现资源的优化配置，为进一步的区域整合奠定基础。它既是区域共同市场培育和发展的骨架，也是中国拓展与其他国家关系的骨架。中国通过"一带一路"建设，通过推进基础设施互联互通和国际大通道建设，与相关国家共同建设国际经济合作走廊，打造一个或多个区域间国家共同创造、共同享有的区域经济合作新架构，加强区域间能源资源合作，提高就地加工转化率，共建境外产业集聚区，推动建立当地产业体系，广泛开展教育、科技、文化、旅游、卫生、环保等领域合作，造福当地民众，进而改变少数国家"一家独大，有钱任性"的格局，使现实世界开始由单极向多极、由单向向多向、由单方向多方转变，初步形成政治互信、经济融合、文化包容、安全互助的区域利益共同体和命运共同体。

基于共同市场的大市场理论告诉我们，区域共同市场的协同发展机制和市场体系，能够满足生产要素在更广范围自由流动与组合的开放性和关联性要求，并不断发挥纵深推进和横向辐射效应；要使具有相同资源禀赋、密切联系的区域形成共同市场的发展格局，必然要打破行政分割、市场分割、利益分割的若干禁锢。峨眉论坛及论坛大学就是要搭建学术交流、治理升级、企业互动的超级平台，促进政产学共同研究区域共同市场问题、共同开拓区域共同市场。一方面，在空间发展单元的精细化、网络化和集群化的基础上，加强区域间政府合作，提升政府官员区域共同市场的治理能力，夯实区域共同市场发展基础，实现国家、城市之间的协调整合，获得大规模效益溢出。另一方面，在政府力量不断改善对经济体系干预的前提下，推进企业自身对产业内部不同环节的嵌合，利用市场导向和利益调节机制，推动区域市场主体发育和各类市场主体活力竞相迸发。再者，则是集中国内外高校学术、人才、团队及平台优势，梳理并不断呈现区域共同市场的前沿观点、研究成果、操作策略,为政府和企业提供源源不断的智力支撑与能力支持。

第二节　撬动"一带一路"倡议的支点是产业协同发展

区域共同市场的形成,必将促进区域内经济的发展、产业的振兴。但是,在区域共同市场内,产业发展不应是单一产业的发展,而应是区域内城市群、产业带的协同发展,是城市化、工业化的双线驱动。城市群、产业带是社会经济发展到一定阶段时产业和城市向某些优势区位集中的一种区域经济的空间安排。产业带和城市群的形成与发展既有历史、政策等因素,也受到地理环境、交通运输条件的影响。以中国为例,中国正在形成沿海、沿江、沿铁路干线的若干产业带,已经有并将优化发展京津冀、长三角、珠三角三大城市群,将提升山东半岛、海峡西岸城市群开放竞争水平,将培育形成东北地区、中原地区、长江中游、成渝地区、关中平原等多个城市群。聚集和扩散是产业带与城市群发展过程中的两个空间进程。一方面,产业和人口、资本、技术、信息等生产要素向一个或多个优势核心聚集,获得规模经济性,形成产业和生产要素的集中区。另一方面,过度集中带来成本上升和拥堵、污染等大城市病，产业和生产要素又向外溢出，在一定范围内进行扩散，形成产业和生产要素的辐射区。聚集和扩散没有先后之分，往往同步进行，相互推动又相互制约。一聚一散、一呼一吸之间，若能实现产业更新升级和生产要素的良性流动，则产业带与城市群亦可生机勃勃，在正向循环中不断向前发展。

高铁为主的轨道交通串联城市群、产业带发展具有现实操作性。以马新高铁为例，2013年2月19日，马来西亚总理纳吉布与新加坡总理李显龙举行会谈后宣布，两国同意兴建吉隆坡至新加坡高速铁路，这条铁路总长预计350公里，2022年投入运作，计划耗资120亿美元。建成之后将使得两地的交通时间由现在的4~5小时缩短为90分钟。吉隆坡作为马来西亚的首都，现有居民172.5万人，城市总面积243平方公里，是马来西亚政治、经济、金融、工业、商业和文化中心，制造业和农业非常发达，吉隆坡也有世界锡都和胶都的美誉。几年前，马来西亚政府就提出了经济转型计划，这个计划提出了12个重点关注领域，其中一项就是把吉隆坡建成世界上最具活力的城市之一，不仅经济高速发展，也具有很强的宜居性。为了实现这个目标，马来西亚政府提出大力发展轨道交通，在这样的背景下，马新高铁应运而生。毗邻马六甲海峡南岸的新加坡拥有553.5万人口，它不仅是一座美丽的花园城市，也是亚洲的金融中心。美丽的城市环境让新加坡成为很多人旅游的必选之地，而银行、证券、保险和资产管理四大服务业的飞速发展也确立了新加坡亚洲金融中心、航运中心、贸易中心的地位。一个是以制造业和农业为主，希望通过发展轨道交通而提升城市活力的吉隆坡，一个是以金融、批发零售、航运为主，享有花园城市美誉的旅游胜地新加坡，目前两地之间有4~5个小时的距离，如果把这个时间缩短到90分钟，会怎样呢？吉隆坡和新加坡就会形成一个1小时生活经济圈，人们只需要90分钟就能从一个旅游城市抵达另外一个旅游城市，马来西亚制造的磁盘驱动器、橡胶、棕油等产品可以通过1小时经济圈快速地到达新加坡，新加坡的各种金融、保险等服务也能够快速与吉隆坡的实业相对接、做服务。空间距离的缩小带来的是人流、物流、资金流更高效的流动，这种改变带来的是两个风格迥异的城市之间的优势互补，凭借自身的比较优势相互促进发展。

　　轨道交通与产业带、城市群之间相互影响，共生共荣。在中国向来都有"要致富先修路"的说法，这些道理放到国外也是适用的。吉隆坡与新加坡两个城市的经济发展与其资源的优化配置是分不开的。众所周知，市场是资源配置的原生动力，而轨道交通则是资源配置的催化剂，它加速了资源在整个区域的流动。在资源不断重组分配再重组的过程中，这两个城市的经济将会取得良好发展，城市经济的不断发展对资源的流动速度提出了更高的要求，更多的人、财、物需要借助更加快速、便捷的途径进行传输，进而使得轨道交通得到进一步发展。在中国国内高铁建设项目的传统模式中，往往更多追求的是项目的公益性。如今，"走出去"的高铁项目如果仅仅考虑公益性而忽略整个项目的盈利能力，终究无法实现可持续发展。因此，从产业协同发展的视角用高铁项目来规划整合相关项目，让高铁在带动产业带、城市群之后使得项目能够从城市开发、产业园区发展等角度获取收益，将会成为新的高铁发展商业模式。在城市内部，城市轨道交通能够促进一个城市及城市周边地区资源的配置，形成以大城市为核心，连接周边城市的网络。新加坡已经具备相对完善的地铁系统，吉隆坡也在着手发展自己的城市轨道交通。可是新加坡和吉隆坡这两张网络依然是相互独立的，如果能够通过一条高铁连接起来，网络与网络相连，形成更大的网络，其辐射效应将会带动沿线大大小小的城市不断发展。

"一带一路"沿线国家的地理区位、经济发展水平、政治环境、资源优势以及社会风俗差异较大，彼此间合作的领域、内容、方式存在差异。因此，必须立足实际，考虑区域中城镇人口结构、城市规模结构、城市群发展水平、产业结构、产业空间布局等因素，以与各国工业化和城市化融合为基础，采取整体开发模式，推进交通建设。以瓜达尔港为例，它位于巴基斯坦俾路支省西南部，是中巴经济走廊的核心。该港口于 2002 年由中国提供技支持并出资兴建，2007 年交由新加坡国际港务公司管理运营和维护发展。由于瓜达尔港运营达不到预期效果，2013 年港口的运营权移交给中国海外港口控股有限公司（COPHC）。2015 年，COPHC 获得瓜达尔港 2000 亩（1 亩 ≈ 666.67 平方米）土地 43 年的租赁权，用于建设瓜达尔港第一个经济特区，具体包括建设疏港公路、新建瓜达尔国际机场、瓜达尔医院、就业技能培训中心、瓜达尔港疏浚工程及防波堤建设、特区招商引资等项目。COPHC 对瓜达尔港的开发不局限于港口基础设施的建设，还与瓜达尔地区的区位定位及优势产业、中国具有竞争力的产业相结合，将瓜达尔港打造成一个商业港，依托临港产业，辐射巴基斯坦北部和阿富汗地区，提升区域经济水平。可见，瓜达尔港建设并非采用传统的"交钥匙工程"开发模式，而是服务于瓜达尔地区的未来发展需求，打造巴基斯坦的"深圳"特区。因此，可将"一带一路"倡议落实到交通与工业化、城市化融合的"打包模式"中，拓展交通的内涵与表现形式，而非单一建设交通基础设施。交通与"两化"融合应成为"一带一路"倡议的基本操作形式。

　　交通与"两化"融合的"打包模式"具有多种操作形式。按照交通分类，有公路、铁路、港口、机场与管道等形式；按照工业群分类，有专业化产业园区、综合产业园区等形式；按照城市群分类，有都市圈、城市带、多中心城市群等形式。根据交通分类、工业群及城市群三个维度,可得到交通与"两化"融合的"打包模式"的基本操作形式:一是"交通＋工业群",基本操作形式组合为"交通＋专业化产业园区""交通＋综合产业园区";二是"交通＋城市群",基本操作形式组合为"交通＋都市圈""交通＋城市带""交通＋多中心城市群";三是"交通＋工业群＋城市群",基本操作形式组合为"交通＋综合产业园区＋都市圈""交通＋综合产业园区＋城市带""交通＋综合产业园区＋多中心城市群"。在采用交通与"两化"融合的"打包模式"时,需要注意以下几点:① 设计的交通基础设施项目并非"交钥匙工程",而是一个系统集成解决方案。不仅包括交通基础设施的规划、设计、施工、物料供应,还应包括交通基础设施的运营管理、投融资模式、装备制造、沿线招商引资、生活配套设施等项目。② 交通基础设施建设除了应与当地的产业布局与城市发展规划对接,还应发挥串联沿线产业带、城市群的作用。沿线国家应建立多边合作机制,协同发展,使交通基础设施的建设服务于沿线城市经济发展的需求。③ 根据沿线国家的经济发展需求,选择合适的"打包模式"。对于工业化与城市化水平较低且周边联系不紧密的国家,可依托建好的港口、机场等交通基础设施,在周边布局相应临港产业或者临空产业等;对于工业化水平与城市化水平较高且与周边联系紧密的国家,可依托建好的高速铁路或者高速公路等交通基础设施,布局多个关联的产业园区或新建国家新区以形成城市群。

通过对产业链形成机制的研究，我们发现，通过某种产业合作形式的串联，可以实现不同产业的企业之间供给与需求关系的关联，这其中企业内部、市场结构与行业间、政府的调控至关重要；同时，延伸产业链的拓展又涉及基础产业、技术研发和市场拓展等其他环节。峨眉论坛及论坛大学就是要搭建政界、产业界、学界无形与有形相结合的对接平台，推动政产学共同致力于区域共同市场中产业链的形成。一方面，适应国际经济关系和国际社会分工的变化形式，充分发挥政府在产业链形成与发展过程中的补充与辅助功能，提升政府政策（特别是产业政策）在宏观调控中的科学性、连续性和系统性，扩大产业链效应，使产业链平稳有效地运行。另一方面，提升企业内部的自我调控能力，完善企业内部治理结构、生产组织形式、劳动分工等，妥善解决好企业边界问题；整合力量，推动区域共同市场内市场分工、市场交易、技术标准等行业要素的不断优化。再者，利用高校特别是行业特色型大学的科技创新、应用研发、调研咨询和成果转化能力，以及特有的科技产业平台、优势显著的学科专业，对接不同产业链发展需求，助推已有产业链尽可能向上下游拓展延伸。

第三节 撬动"一带一路"倡议的方法论是"超级项目"

中国和"一带一路"沿线国家具有巨大的合作空间。一方面,"一带一路"沿线国家多为发展中国家,其基础设施建设等相对落后,各国具有强烈的资金需求,希望成功吸引外资、更新设备、引进技术和开发资源。另一方面,中国经济在经历30多年的快速增长之后,处于"增长速度进入换档期、结构调整面临阵痛期、前期刺激政策消化期"的"三期叠加"特定阶段,经济发展正式步入"新常态"。在此过程中,过剩的产能、巨额外汇储备难以发挥其应有作用,结构调整、产业升级、动力转换成为中国进一步发展的重要任务。

"一带一路"倡议在实际推行的过程中会碰到许多非常现实的复杂问题。这主要表现在沿线国家政治上的不稳定、经济政策上的壁垒、意识形态上的偏见等方面。在政治层面,沿线部分国家或者局势紧张、政局动荡、宗教冲突纷呈,或者政局虽然相对稳定,但局部地区武装冲突时常发生,面临恐怖主义、极端民族主义方面的较大威胁;在经济政策层面,沿线国家经济发展水平差距明显,市场化程度参差不齐,它们在开放的程度、合作的深度、执行的力度上往往有所保留,对与中国的经济差距持续拉大感到不安，担心中国产品可能对其国内市场和产业链造成冲击；在意识形态层面，有些沿线国家对中国的戒心一时间难以根除，视"一带一路"倡议为中国继续谋求地区影响力的一次重大举措，将其当成又一轮大国角逐和博弈的开端，少数国家认为自己仅仅扮演单一国境国的陪衬角色，对自身从"一带一路"倡议中实际获益存疑。为了有效化解"一带一路"倡议实际实施过程中存在的复杂问题，有力推进中国与沿线国家的合作与共赢，一种简单而可行的机制就是根据新重商主义的总体价值观，推动一系列"超级项目"。所谓"超级项目"就是那些以市场为基础、公司主导、政府鼎力推动、经济效益与社会效益互动明显、技术领先、产业链规模巨大、资本市场战略全程贯通的资源整合性大项目。或者说是体现政府意志、市场导向、技术先进复杂、系统功能集成、规模巨大、具有全球影响力的超大项目。

在前期经济快速增长和要素能力积累的基础上，目前中国已经具备了针对"一带一路"沿线国家现实需求，推动一批"超级项目"的初步条件。华为、联想、海尔、阿里巴巴等一批具有较强竞争力的优势企业脱颖而出，以高铁为代表的基础设施建设行业，以计算机、通信和其他电子设备为代表的制造业，以电子商务为代表的互联网行业表现不俗。在进一步的发展过程中，结合中国和沿线国家经济的现有特点,在有效整合系统资源的条件下，中国完全具有能力成功推动一批"超级项目"。"超级项目"的成功推动,可以超越意识形态和发展道路等领域出现的纷争,以经济利益上的战略合作为重心,深化国际性区域合作,实现中国与沿线国家互惠互利的"共赢"。

与此同时,全球性总体需求特别是较为强劲的亚洲地区需求,以及新一轮的重组浪潮则为中国充分发挥比较优势和后发优势,依托优势企业推动一批"超级项目"提供了良好契机。"超级项目"的成功推进,将为中国有效推动结构调整,实现中长期的中高速发展提供强有力的拉动作用,并在此基础上形成中国经济的全新竞争力。

首先,"超级项目"的推进过程具体表现为结构的调整和优化,并将有助于形成新竞争力。"超级项目"由于具有技术先进、市场需求强劲、全球影响力显著甚至在某种程度上将改变世界等突出特点,因此,较之于传统低附加值产业,其启动和推进本身从一开始便呈现出产业价值链攀升和竞争优势明显等基本特性。例如,作为"超级项目"的高铁建设项目,其所依托的中国高铁技术就是在通过不断的研究和创新的基础上,在通信信号、牵引供电、安全监控、系统集成等多项技术领域,形成了中国特色的高铁技术体系,总体技术水平迈入世界先进行列,从而构筑了一种全新的综合竞争力。依托战略性新兴产业的"超级项目"的成功推进,不仅有助于形成新的竞争力,而且由于它同时会开辟新的市场或创造新的需求,因此将直接有助于经济在中长期内的持续、快速发展。

其次,推进"超级项目"将对巨型产业链上的相关产业产生明显的辐射和拉动作用,推动结构调整和产业升级。例如,高铁建设项目构成一个巨大的产业链,就建设过程而言,涵盖了基建、铺轨、车辆生产购置和运营管理等诸多阶段,巨额投资和集中大规模建设使整个产业链集中受益、辐射长远,其中蕴涵着巨大的商机和发展潜能。延伸高铁产业链条,扩大附加值,拓展产业空间,为包括传统制造业在内的诸多产业在持续健康发展的同时实现产业升级注入活力与动力。"超级项目"的推进,特别是改变区域经济资源配置方式或方法的"超级项目",将有助于提升资源配置的效率,促进比较优势的整合、演化与发挥,促进项目实施主体的产业结构调整与升级。基础产业和资源产业领域"超级项目"的推进则将为相关产业,特别是制造业的升级、供给和需求的有效对接提供巨大的推动作用。

最后,"超级项目"的推进将有效引导所在产业领域的创新,并对相关技术产生明显的示范和刺激作用,促进经济发展动力从投资驱动发展向创新驱动发展转换,在推动经济持续发展的同时,形成新的竞争力。市场需求牵引是"超级项目"实施的前提条件,在当前传统领域市场需求趋于疲软、国际竞争日趋激烈的情况下,只有结合现有技术经济特点,对系统资源进行有效整合,并通过原始创新或者消化、吸收、集成创新等方式实现技术上的显著突破,才能促使"超级项目"成功孵化和运转,并在相关产业最终形成新的综合竞争力,推动中国经济在中长期实现持续健康的中高速发展。

积极推动由中国企业发起和主导的若干"超级项目",是构建新雁型模式,实现国际经济增量再平衡的战略举措,具有理论的合理性和现实的必要性,对于正处于三期叠加中的中国经济具有重要的战略价值。但这一新的战略思路要真正落地,需要有实力推进"超级项目"建设运营的企业,特别是有战略眼光的企业家能够深刻体认不同类型、不同行业的"超级项目"可能的实施路径及其特质。眼下来看,我们提出八种"超级项目"基本类型:① 全球市场的产业链重组、价值再造与市场重构;② 创造新市场与新需求的新兴产业尤其是战略性新兴产业;③ 支撑与提升国家总体能力和需求的基础产业及资源产业;④ 强劲起动机制推动多变量、多主体复杂资源整合与价值再造;⑤ 改变区域经济资源配置方式与方法或带动系数高的牵引性大项目;⑥ 国家间战略互惠项目或区域共同市场领头羊项目;⑦ 各类特殊目的性大项目或关键性项目;⑧ 复合特性及资本手段与大金融手段超常应用的特殊项目。具体到轨道交通领域来看,轨道交通是典型的资本密集型产业,不论是高铁、地铁、轻轨还是普速铁路,所涉及的产业链都较为庞大,基本涵盖了咨询设计、工程施工、装备制造、运营管理四个方面的产业。同时,轨道交通还具有较好的经济外溢性，有利于招商引资和站点周围的资源聚集，加快沿线生产要素流动与合理配置，进而带动区域经济发展。因此，轨道交通项目具有明显的体现国家意志、以市场为导向、技术先进复杂、系统集成能力强、影响力广泛等特性，是典型的"超级项目"。

峨眉论坛及论坛大学将推动"超级项目"全程运行的链式递进，环环相扣，层层递进，为"超级项目"的实施引领方向、保驾护航。一是从话题到培训递进。话题设置更偏向于共同体市场合作与开发，这些话题的讨论将涌现出无数商业机遇。峨眉论坛大学将成为企业家成功抓住共同体市场机遇的培训基地，其针对性更强，培训师资更丰富，培训效果更佳。从论坛到论坛大学，形成完美的需求满足的快速递进关系。在这个关系中，话题就是趋势、就是机遇，而培训就是武装，是通往成功的快捷通道。二是从培训到智库递进。高层次又极具针对性的培训将使企业家在开拓国际共同市场和开发产业链等方面的能力得到快速提升，企业家走出峨眉论坛大学后将在"一带一路"市场中得以实践。但论坛、培训毕竟是短期行为，面对长期的、广泛的共同市场需求，依托于峨眉论坛的超级智库又成为链式方法论中的重要一环——发布一系列针对热点话题的研究报告、年度报告、排名榜单等研究成果，为政府、企业等提供重要的信息服务。三是从培训、智库到开发递进。培训和智库的作用在于认清形势、提升能力、把握先机，这都为"超级项目"的具体实施提供了坚实的准备。但是，"超级项目"是产业链规模巨大的资源整合性大项目，还需要高端机构对"超级项目"进行前期策划、资源整合与配置、初期孵化、项目执行、过程监控、后期衔接等等，还具有孵化、投资、管理运营主体的相对分割与全程融合的特点，这就需要一种综合开发模式的实施，开发研究院就能够提供高品质的解决方案。

可以预见，峨眉论坛与峨眉论坛大学，将成为未来中国区域共同市场研究的思想发声地，成为全球区域共同市场产业链开发的策源地，成为中国主导的一系列区域乃至全球"超级项目"的孕育地。

第四章　四位一体：联结政产学兼取宏微观的"一带一路"开发集成平台[①]

我国提出的"一带一路"倡议已经得到越来越多国家、企业的认同和响应。亚洲、非洲、南美等后发现代化国家普遍存在"大首都主义"现象，这不仅带来了一系列政治、经济、社会、文化问题，还滞后了工业化与城市化的总体进程。用高铁或多种轨道交通形式重组城市格局和主体功能区越来越成为他们的普遍共识。高铁串连起的城市群与产业带的大交通模式越来越成为他们的普遍需求。

但和我们的目标相比，当下的总体操作状态仍然不尽如人意。超前突进的企业主要是中央国企和中小民营企业，前者偏重于工程承包、后者偏重于短期机会。它们呈现出的中国能力明显缺乏说服力，不少企业的亏损局面也使其难以在市场上站住脚。中国高铁已经处于国际一流技术水准，占有最大规模的市场，还在进行继续的技术研发和力量统筹，正处在打开大局面的临界点。

峨眉论坛就是在这样的总体背景下，集论坛、培训、智库、开发研究院等功能于一体，旨在成为借助基础设施建设与"两化"

[①] 主要参见向宏，胡德平，王顺洪，徐飞. 大交通：从"一带一路"走向人类命运共同体. 成都：西南交通大学出版社，2017.

融合的"超级项目"新动力,助推"一带一路"倡议,孕育高等教育新模式,生发"大交通"新文化,推进人类命运共同体建设的时代坐标。

第一节 开放论坛:聚焦区域共同市场、产业链开发、大交通文化与人类命运共同体的品牌性、国际化论坛

在国际性论坛组织形式上,主要有开放论坛与闭门会议两种。开放论坛是指论坛发言、对话与讨论是面向参会人员和媒体记者开放的,闭门会议则不开放。如达沃斯论坛3天会期里,大大小小的会议近百场。其中全体会议以及电视辩论是对嘉宾、媒体全部开放的,其他会议则为闭门会议。闭门会议的形式也分为互动式会议、创想研究室以及假设问题三种,均为高度互动的会议形式,强调每一位领军者的参与性。博鳌亚洲论坛2016年会会期4天,设置88场讨论,包括1场开幕大会、51场分论坛、15场圆桌会议、5场主题餐会、10场对话创业者活动、6场电视辩论,以开放论坛为主。

在参会人员方面,国际论坛通常包括了各国政要、商界精英

和学界翘楚，但不同的论坛其侧重点有所不同。

峨眉论坛在这些方面和其他既有论坛没有什么大的区别，不同之处在于话题设置及其内在逻辑。

在话题设置上，峨眉论坛强调多元化中国企业的话题需求，其中行业话题是目前最热门、最集中的话题。若干行业集聚起来就是一个复合的产业链，论坛的目的即在于追求行业产业的协同发展，在"一带一路"倡议实施背景下，共同实施"超级项目"，谋求推进形成区域共同市场。

峨眉论坛将主要围绕以下几个热点设置话题：

一是区域共同市场话题。"一带一路"倡议的实施，其目标是开发和培育沿线发展中国家或经济体的市场，加深中国与"一带一路"沿线地区的经济互联程度，从而形成区域共同市场。区域共同市场的形成、发展、利益共享、机遇与挑战等等问题，将是随着"一带一路"倡议"走出去"的中国企业以及相关政府职能部门非常关心的话题。

二是产业链开发话题。"一带一路"倡议的实施最终将使沿线国家和地区加速区域经济一体化，赶上发达国家经济并融入世界经济一体化中。在这个区域共同市场建设过程中，单纯的项目投资-建设-交付使用模式已远远不能满足业主需求，中国特色的大投资、大开发模式成为沿线国家非常欢迎的快速提升区域总体发展水平的开发模式，如何进行超级项目模式的区域共同市场的产业链开发也成为当前的核心话题。

三是大交通文化话题。有三个层次递进的大交通概念：一是公路、铁路、桥梁等基础设施层面的大交通；二是基础设施与工业化、城市化融合的大交通；三是灌输文化、沟通文明、走向人类命运共同体"交通天下"的大交通。可以将大交通概念作为"一带一路"倡议实施中操作与理念层面融合的新概念。用第二个层次概念去规划项目，彰显了中国的"超级项目"组织与竞争优势（日美欧都缺系统能力），方便了第一层次的拿单与第三层次的交流。

四是人类命运共同体话题。习近平主席 2013 年首次以国家元首身份提出了"人类命运共同体"的理念。随后，他在博鳌亚洲论坛上以及此后的多次出访中反复强调中国愿与世界各国共同实现这一重要主张。2015 年，习近平主席在第 70 届联合国大会上发表题为"携手构建合作共赢新伙伴　同心打造人类命运共同体"的重要讲话。与此相应，"一带一路"倡议的实施也是为沿线国家构建一个在区域经济共同市场基础上的文化与命运共同体。峨眉论坛也将围绕文化与人类学相关内容进行话题设计。

更重要的是要讨论上述话题之间的内在逻辑联系。一般论坛通常停留在对话题的宏观讨论上，在宏大叙事和公司的项目实操上无法建立有机的联系，虽然与会者可以达成广泛的共识，但无法给公司指出清晰的可操作的方向和方案。

峨眉论坛
面向"一带一路"的开发论坛与新型国际组织

区域共同市场既是一个老问题,也是一个新问题。世界经济进入一个后全球化过渡期。除金砖国家外许多后发现代化国家也不认为自己分享了多少全球化的好处。因此,两股力量事实上推动了区域共同市场主义的抬头,它的经济表现就是区域共同市场,它的社会表现就是通过区域经济繁荣减弱国家乃至家庭的收入分配不均,它的文化表现不排除有滋长民族主义或泛民族主义新文明的可能。这种新情况的出现对中国来讲也许是一个机会,我们的基础设施与工业化和城市化的整体打包模式乃至从"一带一路"走向人类命运共同体的大交通理念有可能成为重要甚至唯一的解决方案。关键是我们要讲好中国故事,要用多种版本与逻辑表达我们的三个层次的大交通概念。

我们深知"一带一路"倡议不仅仅是内外两个市场紧密互动的、富民强国的、推进区域共同市场发育与世界经济增量再平衡的、最重要的国家经济发展战略和外交战略,也是创造发展机会实现均衡发展、缓解民族矛盾与文明冲突、建构人类命运共同体的最重要的社会文化发展战略。因此,"一带一路"倡议与国内市场的关系绝不仅仅是一个简单的产能转移关系,如何强化内外市场互动、如何有利大中小企业协同、如何活跃就业与创业市场、如何增强东部与西部的递进、如何规划产能"走出去"与结构调整关系……成为我们要回答的基础问题。只有找到了"一带一路"倡议与改革发展以及经济、社会、文化等的深层次关系才能更有效地推进战略的实施。

"一带一路"倡议与国内市场的关系：一是重点要强调与产业市场或行业市场的关系；二是强调大中小企业的总体供应链关系；三是强调与省域乃至区域经济的关系；四是强调与不同产权类型、不同组织形态的企业生态的关系。

这样，四个话题有虚有实，无论政界、商界还是学界，既能获得在论坛上表达自身诉求的机会，更重要的是能够通过论坛，找到满足自身需求的方案。

第二节 公开大学：能力培训为主、补充基础教育的企业家国际化培训基地

公开大学，其正式名称也可称为"'一带一路'大学"，可在论坛基础上对企业家提供实操"一带一路"项目的深度培训。

中国企业"走出去"在取得成就的同时，也存在着许多需要认真总结的经验教训。因此为已经"走出去"的企业总结经验，给即将"走出去"的企业提供建议，对于帮助中国企业"走出去"并进一步适应国际市场的竞争环境，具有重要的现实和理论意义。尤其是在"一带一路"倡议背景下，为中国企业家提供高端培训变得尤为重要。

面向"一带一路"的开发论坛与新型国际组织

对来自海外项目一线的反馈信息进行分析可以发现，中国企业行动很快，但普遍患上了"单一企业突进异域市场综合征"：① 项目前期问题最为突出，单一企业无力展开基础研究、各类中介服务不配套，不仅大量时间花在熟悉国情、了解市场等一般性问题上，拉长了项目落地周期，还缺乏深度市场研究与产业研究，难于建立属地及国内配套的产业链与企业群，更缺乏区域共同市场的驾驭能力，难于设计规模化计划；② 普遍陷入内外企业竞争的激烈状态，我们能拿到的项目通常都是竞争性项目，不仅中外企业竞争激烈，还面临中方企业自损式相互竞争，这既压低了利润又影响了整体形象；③ 就项目谈项目无法体现中国优势，单个项目不仅进入成本高，且无法发挥中国的基础设施、工业化、城市化整体能力优势与打包项目群优势。

于是，在峨眉论坛基础上，可以建立一种面向企业家的超级项目公开大学——"'一带一路'大学"。公开大学多指远程教学大学，如英国公开大学、香港公开大学、中国电力公开大学等，类型包括学历教育性、课程结业证（慕课）性和网络公开课性。而"'一带一路'大学"是一种全新的公开大学，它依托峨眉论坛而生，不是赶时髦办的 MBA、EMBA 甚至后 EMBA，也不是搞学历教育、基础教育，而是在世界热点话题市场超级论坛——峨眉论坛基础上整合智力资源、人力资源、硬件设施而建立起来的一个企业家国际化超级培训基地，是一种超级项目实地培训形式的付费公开大学。

"'一带一路'大学"以超级项目能力培训为主、补充基础教育，她的培训目标为提升企业家的区域市场开拓和产业链开发两种核心能力。经过培训的企业家，在"一带一路"倡议实施背景下，将更容易在国际区域市场开拓、产业链开发中获得成功，甚至成为不同类别的国际性区域、行业共同市场的领袖。如某企业家要去印度投资钢厂，我们就可以组织一批专家为其授课，使其从印度政治、经济、文化等方面了解印度，便于更高效地完成区域市场开拓，同时，为其投资行为进行开发咨询、市场整体开发培训等。

大学的盈利点就来源于企业家对大交通区域市场开拓和产业链开发这两方面核心能力的迫切需求，公开大学的相关教育培训、咨询服务是高额收费项目，对大学投资方和运营方都将带来高额的经济收益回报，这既能为峨眉论坛的运营提供财力支持，也能为峨眉论坛永久会址——西南交通大学峨眉校区的教育模式改革提供全新的发展路径和资金保障。

更为重要的是，大学的举办目标直指中国企业国际化的软肋——国际区域市场开拓与产业链开发，它将在"一带一路"背景下为中国企业开发超级项目、占领国际区域共同市场提供思想武装、能力培训和可持续的智库支持，将极大提升中国企业"走出去"的成功率，从而催生一大批区域经济市场领袖和巨型企业集团，为"一带一路"倡议成功实施乃至中国力量的和平崛起产生强大的推动力，也为提升相关国际区域的发展水平、缩小世界经济区域差距做出积极贡献。

第三节　超级智库：政产学结合开展扎实基础研究

当前，在全面深化改革的需求驱动下，中国智库建设大面积升温，来自政府、企业、高校、媒体、民间的各方力量，助推了智库发展的"井喷"之势。据不完全统计，各类智库已经超过400家，仅次于美国，居世界第二。智库的一般标签是：政策研究、决策影响、社会责任、独立、专业、非营利，由此决定了绝大多数中国智库离政府近而离市场远、离政治近而离经济远，更少直接参与市场经济活动，面临"研究之困""生存之困""发展之困"。

在国内智库中，面向或关联"一带一路"倡议的有数十家之多（见表1），它们从政治、经济、贸易、法律、文化等多角度对"一带一路"的意义、价值、风险等进行了研究，产生了一批研究成果。

表 1 国内主要"一带一路"智库与智库联盟一览表

智库类型	主管单位	成立时间	功能定位	相关研究
部委智库	最高人民法院	2015年7月8日	加强涉外审判的顶层设计,提高"一带一路"司法审判的理论水平、审判水平和国际公信力,同时充分发挥审判职能作用,更多参与国际规则制定	一是服务和保障"一带一路"建设需要加强理论研究,指导人民法院;二是在推进"一带一路"建设过程中司法碰到了很多新问题,需要深入研究。沿线国家法律问题比较复杂,有的国家尚未加入世贸组织,如何有效解决国际贸易争端?中国将与沿线国家签署一系列投资保护协定,如何有效保障对外经贸、劳务合作中的合法权益?
部委智库	国家司法部	2015年10月14日	切实担负起研究司法行政服务"一带一路"建设的责任,制定研究计划,精心组织实施,努力形成有价值的研究成果	努力为"一带一路"建设提供优质高效的法律服务。适应"一带一路"建设对法律服务的新需求,不断创新法律服务方式方法,提高法律服务质量。创新对外法治宣传形式,借助有关国际会议、论坛、研讨会、博览会等场合,积极向区域内国家介绍我国的法律制度,宣传我国法治建设取得的成就,传播中国法治声音,展示中国法治形象。加强与区域内国家法律和司法领域的交流合作

续表

智库类型	主管单位	成立时间	功能定位	相关研究
部委智库	国务院新闻办公室	2016年4月18日	打造更多的影视精品力作,做"丝路故事"的讲述者;共同构建跨国播出网络,做"丝路文化"的传播者;共同促进交流与沟通,做"丝路精神"的弘扬者	"媒体联盟"拟以"丝路电视"(B&R TV)跨国联播网为实体,带动"一带一路"沿线各国的主流媒体,按照"共商、共建、共享"的原则,由联盟成员单位在自己的电视频道上开辟统一的"丝路电视"窗口栏目,成组播出"丝路电视"节目,并加"B&R TV"统一台标
金融机构智库	国家开发银行	1994年	宏观政策和金融研究服务	持续开展亚、非、拉地区的国际战略研究,在能源、交通、农业、矿产、物流、旅游、产业合作、跨境开发区等领域规划了若干重大项目。配合中央及国务院有关部门,率先开展中国周边地区战略、亚洲及拉美地区互联互通研究
金融机构智库	青岛银行	2015年11月	将在金融市场、贸易金融、公司银行、零售银行等多个方面优势互补、合作共赢,共同推进,并通过定期组织会议交流、信息共享、联动管理等,切实推进沿路经济一体化进程,共同拓宽业务渠道与客户,为国家"一带一路"倡议实施提供坚实的金融服务保障	

续表

智库类型	主管单位	成立时间	功能定位	相关研究
中央国企智库	国务院国资委	1982年	服务于经济建设和"走出去"战略	在国家"走出去"战略的实施进程中,受中央部委委托,中咨公司完成了周边互联互通、国别合作规划、油气战略通道、重大工程建设、境外经贸合作区、港口建设布局、民间外交等大量国际化咨询研究项目
大专院校智库	中国人民大学	1994年	体制机制创新,与30多个国家的智库开展实质合作研究	近两年,人大重阳举办了3场大型"一带一路"国际论坛,总计50多人次赴20多个"一带一路"沿线国家调研与宣讲。在此期间,人大重阳出版了"一带一路"专著5部,研究报告及内参80多份,获得重要决策影响,其中一部还入选中组部、中宣部理论学习丛书
大专院校智库	北京第二外国语学院		搭建广阔的国际合作交流平台,以"一带一路"研究简报、"一带一路"蓝皮书、"一带一路"论坛、"一带一路"课题等形式,重点服务外交部、商务部、中联部与国家旅游局等部委及"一带一路"沿线国家领事馆	主持和参与国家社会科学基金"欧盟低碳话语权对'丝绸之路'经济带的影响及中国对策"、国家发改委"数字'一带一路'"、国家旅游局《国家旅游业"十三五"发展规划纲要》、国家教育部"'一带一路'旅游语言应用情况调查"、北京市社科规划办"大数据背景下'一带一路'科学知识图谱绘制与应用"、北京市发改委"北京市'一带一路'战略发展研究"、北京市哲学社会科学基金课题"'一带一路'背景下京津冀旅游一体化战略"等研究

续表

智库类型	主管单位	成立时间	功能定位	相关研究
大专院校智库	复旦大学、北京师范大学、兰州大学和俄罗斯乌拉尔国立经济大学、韩国釜庆大学等46所中外高校	2015年10月17日	秉承"互联互通、开放包容、协同创新、合作共赢"的理念,共同打造"一带一路"高等教育共同体,推动沿线国家和地区大学之间在教育、科技、文化等领域的全面交流合作,服务沿线国家和地区的经济社会发展	搭建教育信息、学术资源共享交流合作平台;探索跨国培养与跨境流动的人才培养新机制,促进联盟高校间学生的双向流动,培养具有国际视野的高素质人才;加强联盟高校间科研机构及科研人员的交流与合作,共同申报国际科研合作项目,联合开展科学研究,积极组建协同创新体;促进沿线国家和地区学术、文化交流,增进国家互信;以联盟交往带动人文交流,增进民心相通;探索开展多边、双边联合境外办学,构建新的人才培养模式、运行管理模式和服务当地模式,确保联合办学落地生根
大专院校智库	厦门大学	2015年6月20日	对"一带一路"倡议下的中国海外投资保护、海陆运输法律保护和国际税收等问题进行讨论,并就自贸区的法律制度创新、知识产权机制、两岸金融业合作等具体领域建言献策	"一带一路"建设中的相关法律问题,重点将涉及"国际关系与国际法""国际投资法律制度""国际交通运输法律制度""国际贸易法律制度""国际金融法律制度""知识产权法律制度""环境保护法律制度""国际文化交流合作法律制度"等诸多领域

续表

智库类型	主管单位	成立时间	功能定位	相关研究
大专院校智库	中国农业科学院	2015年7月	加强我国"农业产业、农业科技、农业企业""走出去"的经济政策服务平台建设,为充分发挥全院"决策智囊团"的作用,提供更多的科研基础支撑。也为国家农业国际合作战略的顺利实施提供决策咨询、为农业科技成果的国际转化提供方向指导、为农业企业和示范园区"走出去"提供决策分析和风险判断	一是开展"一带一路"沿线国家农业经济方面的调查研究,二是开展农业政策法规比较研究,三是开展规划编制、咨询服务和学术交流。承担相关规划、可行性研究报告的编制任务,为"农业企业"和"农业科技""走出去"提供开拓发展计划和决策咨询服务
大专院校智库	北京大学	2015年5月20日	旨在发挥北大在人文社科领域丰富的学科和学术资源优势,充分整合北大各方面资源,加强跨学科协作,突出问题导向,聚焦政策研究和智库服务,打造在国内具有权威影响力的"一带一路"智库平台	建设"一带一路"数据分析平台,这个平台将涵盖"一带一路"沿线国家基本情况、法律法规、经济和产业项目、对外贸易、科技竞争力、文化等多方面的数据,将为我国对沿线国家投资进行评估与决策提供实时的信息与情报支撑

续表

智库类型	主管单位	成立时间	功能定位	相关研究
大专院校智库	北京交通大学经济管理学院与国研文化传媒股份有限公司	2015年5月5日	旨在对"一带一路"倡议实施过程中可能出现的相关问题开展长期跟踪研究,为各级政府、社会机构、企事业单位提供智力支撑和发展指导	举行了"丝路话语"研讨会。与会专家学者和企业家就如何挖掘并弘扬中国传统文化,如何将文化创意产业与"一带一路"倡议结合起来、如何把丝绸之路研究中心建设成国内一流的丝绸之路智库等话题进行了讨论
大专院校智库	华中师范大学	2015年7月	致力于搭建"一带一路"综合信息平台,目前建有"一带一路"研究网、"一带一路"微信公众号。每天发布大量"一带一路"领域的权威信息,尤其是沿线国家的最新舆情与动态	致力于在"一带一路"与中国外交战略、丝绸之路经济带、海上丝绸之路、长江经济带与"一带一路"、中三角城市群发展与"一带一路"研究五个方面展开研究
大专院校智库	浙江工商大学	2016年4月23日	发挥自身优势,在人才培养、学术研究、社会服务、对外交流等领域,为推进中阿"一带一路"建设做出贡献	以中阿经济研究为中心,同时要有大局观,接地气,学习浙商精神,把中心建设成为协助院系,培养复合型、应用型、国际化人才的基地;助力企业,实现国际化发展的平台;国内外研究机构交流合作和思想汇聚的平台;中阿人民友好交流与合作的平台和桥梁

续表

智库类型	主管单位	成立时间	功能定位	相关研究
大专院校智库	对外经济贸易大学	2016年5月13日	服务于"一带一路"倡议实施，促进大学生把个人成长与国家发展紧密结合起来，带动全国高校大学生围绕"一带一路"倡议开展专项社会实践行动，探索出一条青年服务国家发展、国家助力青年成长的双效模式	
大专院校智库	浙江大学联合清华大学、西安交通大学、新疆大学等15所高校	2016年5月21日	重点在"一带一路"沿线地区开展非物质文化遗产保护、水资源开发与保护、关爱农村留守儿童和精准扶贫等公益活动	为给活动可持续发展提供机制保障，浙江大学开创了"PTPA"公益实践服务模式，即由一名教授（Professor），带领一支公益团队（Team），完成一件公益项目（Project），形成一份公益成果（Achievement）。同时，"一带一路"沿线16所高校组成的公益联盟各成员单位也将分别组织多支大学生公益实践团队共同参与，掀起青年学生参与社会公益的热潮

续表

智库类型	主管单位	成立时间	功能定位	相关研究
地方政府智库	香港世界贸易组织研究中心	2016年1月29日	为"一带一路"倡议实施提供交流平台，并针对国际上与"一带一路"相关的经济、金融、法律、文化及社会问题进行研究，提出建议供政府和社会各界参考	未来一两年特区政府将集中思考香港应先与"一带一路"沿线的哪些国家就五个方面的互联互通发展关系，以及香港应先行开展哪几方面的互联互通
地方政府智库	淮海工学院		共同为"一带一路"倡议提供法律服务和法律保障，建立异地法律服务项目合作机制；集中律师专业力量共同研发法律服务产品，建立律师后备人才共同培养机制等	致力于"一带一路"法律领域研究，组织国家、省重大科研项目，产出重大科研成果；负责组织举办国际性及全国性法律学术会议、论坛，参与国内外学术交流，开展企业海外投资法律事务培训、咨询服务
地方政府智库	民盟福建省委	2016年4月	以文化研讨为抓手、以"文化共享经济共荣"为主题，强化民盟九城海上丝绸之路的沟通合作，共同推动"一带一路"经济发展	2015年出台了《福建省21世纪海上丝绸之路核心区建设方案》。2014年起，民盟福建省委与民盟甘肃省委共同举办"一带一路"文化与产业发展研讨会，逐步将"一带一路"沿线省份的民盟组织联系起来，形成民盟地方组织的品牌项目，最终形成民盟服务"一带一路"倡议的重要活动。2015年召开兰州新区项目推介会和召开"海上丝绸之路联合申遗团"九城民盟"建设21世纪海上丝绸之路"研讨会

续表

智库类型	主管单位	成立时间	功能定位	相关研究
地方政府智库	开封市政府、河南省旅游局	2015年10月7日	加强沿线各城市的旅游交流与合作，推动沿线城市旅游资源共享、品牌共建、客源互动，共同打造具有国际影响力的"丝绸之路文化旅游带"，进一步提高沿线旅游城市的旅游知名度和影响力	
地方政府智库	天津滨海新区、唐山、秦皇岛、呼和浩特等城市政协	2015年9月	通过多种形式的沟通协商，深化城市间协作联动，拓展地区间经贸、人文等领域交流合作	
社会团体智库	中国工业经济联合会	2016年6月16日	整合联盟成员的资源，发挥联合优势，建立联动机制，以沿线国家和地区中心城市重点经贸产业园区为核心，建立联盟成员双边、多边合作机制，推进多层次、多渠道的产业协同与企业合作；汇集联盟成员国家和地区的经济政策、资源禀赋、产业投资与经贸合作信息，构建联盟互联网工作平台和合作项目数据库，推进信息的高效共享及合作项目的有效对接，促进政策沟通、信息联通、资金融通、产业协同	联盟以"共商、共建、共享"为原则，采用"联盟＋云平台＋基金＋智库"的服务模式，为各国行业企业提供高效便捷的项目对接服务

续表

智库类型	主管单位	成立时间	功能定位	相关研究
社会团体智库	察哈尔学会	2009年10月	服务"一带一路"公共外交与和平学研究。学会以中国与周边国家外交和国际关系为主要领域，以案例展示、调查、建立档案为主要方法，提供前瞻性的创新思想产品，在国际社会发出中国非官方的声音	①举办以"一带一路"为主题的察哈尔圆桌会议共计9次，参加人数近200人，媒体报道近百次；②研究员发表关于"一带一路"的署名文章50余篇；③发布研究报告《"共同现代化"："一带一路"倡议的本质特征》（中英文版）2份4版；④访问法国巴黎、比利时布鲁塞尔、意大利米兰、德国柏林、韩国汝矣岛研究院等国外智库及中国香港智库，传播"一带一路"倡议；⑤《公共外交季刊》以"一带一路"为主题进行专题研讨1次
社会团体智库	无界传媒	2015年9月	国家对外宣传大平台，"一带一路"最权威信息发布大平台，"一带一路"政商高层会晤国际大平台的有力支撑。无界智库为企业向"一带一路"国家、地区转移产能、进行投融资提供决策咨询，是集聚中国、新加坡、日本、美国等国内外学者、政府官员的智库网络	无界智库已联合举办"2015一带一路甬商大会""一带一路投资与安全论坛"等一系列城市论坛，发布《京津冀发展报告》《珠三角、长三角转型报告》《长江上游城市竞争力报告》等综合性年度报告以及针对亚洲新兴市场、市场与区域经济、国际反恐等主题的无界思享+闭门研讨会及专访，引起广泛关注，并即将推出《中国新疆发展报告》《一带一路投资指数报告》等重磅研究成果

续表

智库类型	主管单位	成立时间	功能定位	相关研究
国家智库	中共中央对外联络部，联合国务院发展研究中心、中国社会科学院、复旦大学	2015年4月8日	一是搭建平台。为国内外涉"一带一路"研究机构搭建信息共享、资源共享、成果共享的交流合作平台，优化合作方式，消除知识和信息垒壁，提高涉"一带一路"研究水平。二是解读政策。在聚合国内外智库资源的基础上，在联合研究取得共识的前提下，共同围绕总体倡议和具体项目向沿线国家各阶层开展针对性的解读工作，为"一带一路"建设营造良好的舆论氛围，打造坚实的社会民意基础。三是咨政建言。围绕涉"一带一路"问题，从宏观、中观、微观各个层面对"一带一路"进行全方位、综合性研究，前瞻性地发现问题，为中国及沿线国家政府提供政策建议，推动智库研究与政府决策良性互动。四是推动交流。以智库合作促进政策沟通，增强国家互信；以智库交往带动人文交流，增进民心相通	以"传承丝路精神，服务'一带一路'"为宗旨，围绕"一带一路"建设开展倡议解读、战略研判、政策分析、项目评估等工作，服务中国及沿线国家政府决策，推动各国间人文交流，为地区繁荣发展贡献智慧力量

续表

智库类型	主管单位	成立时间	功能定位	相关研究
国家智库	中国国际人才专业委员会、南方国际人才研究院、北方国际人才研究院和中国与全球化研究中心	2015年5月19日	聚焦于中国与全球化战略和企业、人才国际化研究的社会型智库	致力于中国的全球化战略、人才国际化和企业国际化等领域的研究
国家智库	盘古智库	2015年8月	秉持客观、开放、包容的宗旨，推行经世致用、和谐共生的理念，促进社会共识，推动经济社会持续健康发展，努力打造中国最具影响力的社会智库。	出访调研"一带一路"主要国家。"一带一路"国内省市盘古智库调研小组对新疆、宁夏、陕西、上海、浙江、福建、广西等数十个个省份和城市开展调研，并对乌鲁木齐、西安、温州、平潭、福州、厦门等地多次开展深度调研。陆续发表了"'一带一路'大自贸区顶层设计""大选之际看土耳其——历史遗产、地缘政治及与中国的相关性""新丝绸之路农业发展规划建议"在内的多个课题研究成果，并在此基础上形成了数十份内部通讯

续表

智库类型	主管单位	成立时间	功能定位	相关研究
国家智库	东中西部区域发展和改革研究院	2002年9月11日	致力于推动区域协调发展与合作	早在2012年，重点研究并提出"构建中蒙俄丝绸之路经济带"等诸多建议，被中央有关部委采纳。2013年起，在北京、上海、新疆、广西、云南等地主办"丝绸之路智库研讨会"。2013年，与波兰经济大会基金会共同签订"丝绸之路"战略合作框架。2014年，与中国驻波兰大使馆、波兰经济大会基金会在波兰华沙共同主办"中国丝绸之路研讨会"，并签订两国智库战略合作框架。2015年5月，与国家旅游局重点课题"一带一路"旅游发展战略研究课题组共同成立"一带一路研究中心"。2015年6月，与联合国开发计划署签署战略合作框架，专门为中国政府设计"一带一路示范城市"等三个示范项目
国家智库	"一带一路"法律研究协同创新中心	2015年11月16日	旨在联合国内外各合作方进行"一带一路"沿线国家法律法规相关理论和实践问题研究，搭建"一带一路"倡议法律问题研究和交流平台	通过各方合作和共同研究，建立和完善对于"一带一路"沿线国家法律制度的知识储备，从而为各级政府和中外企业提供相关法律咨询

续表

智库类型	主管单位	成立时间	功能定位	相关研究
网络智库	凤凰网	2015年9月8日	旨在打造中国最具影响力的国际问题研究智库，致力于成为"思想市场领导者"。将思想产品的生产和传播有效地结合起来，在智库与智库之间达成协作共赢	开展华侨华人"一带一路"国别系列研究，对沿路华人华侨华商进行系统性了解，并组织线下活动及考察指导，打造华商网络，服务"一带一路"，编制"一带一路"指导手册，对"一带一路"各系统、各省、各行业和领域、服务组织对接进行点评和建议，并计划出版；推出国别专家库，针对"一带一路"沿线国家布局"一带一路"人才网络，并计划推出针对国别的风险和机遇的专项研究报告；进行深度的调查和研究，引导能源、基建、矿产、旅游、互联网电商、金融等国际化水平较高的行业与"一带一路"进行对接

资料来源：上列相关机构网站。

在看起来繁荣、成果也琳琅满目的同时，"一带一路"智库建设也存在突出问题。主要表现为：谈要干什么的多，谈如何干的少；在谈如何干的成果中，原则上阐述的多，能为企业提供可操作方案的少之又少。在"一带一路"倡议提出的最早阶段，主要围绕战略意义、战略目标等方面展开研究是很有必要的，但到了当前阶段，重点就应该转移到如何干了。而且，也只有在实际实施中，"一带一路"倡议的意义和价值才能得到进一步凸显。

产业经济在新世界经济格局下同样显得变化多端且具有不确定性。对一个国家乃至一个区域经济体而言产业经济都是关键所在，它一方面要满足自身的基础需求，另一方面还要形成面向全球的竞争优势。从我们的前期调研来看，人口大国通常也是工业化与城市化滞后国家，他们普遍有快速实现"两化"、建构本国基础工业能力的诉求，这是我们比较容易看到也比较容易切入的地方，也是中国的优势所在。新的问题是：一是虽然他们有紧迫的现实需求，但也不等于他们会简单接受中国的产能转移；二是他们越来越把解决现实问题的基础需求与形成面向全球竞争的未来诉求融合在一起考虑；三是区域共同市场主义的兴起使其产业经济的规模已经超出了国界概念，产业链分工体系与角色分配成了焦点问题。这些动向给我们的产能经济带来了直接的挑战，这就要求我们不仅要在总体市场研究上下工夫，更要在产业经济和行业研究上下工夫。换句话说，行业研究能力决定了我们介入的商业模式和市场取胜的前提。不同类型、不同规模、不同阶段的投资主体决定了对行业理解的多角度需求与深浅需求，这对我们的行业研究提出了艰巨而系统的任务要求，没有特殊模式与机制支撑的行业研究是很难完成这一任务的，多边合作的智库也许是解决问题的重要途径之一。

峨眉论坛与"一带一路"大学，将在一定程度上颠覆传统意义上的智库概念——既要"坐而论道"，又要"坐而论市"，更要"起而入市"。

在力量上，依托校长理事会、工商理事会、高官理事会，运用"旋转门"机制，汇聚区域内政府、企业、高校最富战略性、创见性的精英人士，统筹区域内政府的战略方向、企业的产业需求、高校的学术资源，建立政产学三位一体的综合性智库。

在导向上，立足中国，面向区域，紧扣国家宏观战略、区域共同市场、产业链开发以及文化与命运共同体构建，回应国际热点话题，支撑政府科学决策，引导企业进行业务系统、盈利模式、关键资源能力、投融资结构的系统性创新，建设与中国大国地位相匹配的、具有区域引导力和全球影响力的高端智库。

在路径上，聚焦全球市场产业链重组与市场重构、新兴产业尤其是战略性新兴产业培育、支撑国家总体能力和需求的基础产业与资源产业拓展、多变量多主体复杂资源整合，筹划运作国家间战略互惠项目、区域共同市场牵引性项目、特殊目的性大项目或关键性项目以及超常应用的特殊项目。

在操作上，智库首先开展扎实的基础研究，联合上海、北京、西安、新竹四所交大和成都、四川、西南、西北以及"一带一路"沿线国家高校，同时邀请政府、企业、研究机构的相应力量共同筹划编写"'一带一路'倡议研究丛书""'一带一路'国别研究丛书""'一带一路'行业市场研究丛书""'一带一路'区域共同体市场丛书"等首批出版计划，以此提出稳定的价值主张，打造市场品牌，为后续的超级项目前期机制奠定坚实的基础。

可以预见，峨眉论坛与"一带一路"大学，将成为未来中国区域共同市场研究的思想发声地，成为全球区域共同市场产业链开发的策源地，成为中国主导的一系列区域乃至全球超级项目的孕育地。

第四节 "一带一路"开发研究院：超级项目前期构划与资源配置及后期衔接

在论坛、"一带一路"大学和智库的基础上，最后一块超级项目前期构划的拼图就是开发研究院的设立。

如前所述，超级项目首先应立足市场，实施则以企业为主体。对于适应"中国变量"撬动世界经济新秩序重建的趋势，积极参与非洲、亚洲、美洲等区域共同市场的中国企业而言，需要一个集区域共同市场研究与推动、产业链开发与拓展的全新平台，作为超级项目实践、实现的"快速通道"。在这样的背景下，峨眉论坛和论坛大学开发研究院应运而生，它将被定位为世界主要区域共同市场超级项目打包策划的"先遣机构"和"总设计师"，进行从前期构划、资源配置到项目实施、后期衔接等全过程的商业方案设计。从中国高铁"走出去"的若干案例中我们看到，因为缺乏以超级项目、超级工程串联产业带、城市带发展的打包意识，加之投资主体混乱、"就工程做工程"的工程思维等因素，最终导致了合作项目的流产。而开发研究院通过本土多方优势资源的集成组合、项目可行性的前沿研究、着眼于基础设施建设与"两化"融合发展的谈判策略，弥补超级项目实施主体在项目孵化、投融资、营运维护、协同开发、升级换代等前中后期各阶段综合运作、系统解决的能力短板，从而提升超级项目的成功率，并加速超级项目的推进进程。

更进一步说，开发研究院不仅致力于超级项目最优化方案的开发与设计，从战略层面上为中国企业寻找、促成满足话题市场需求的落地项目，还将借助于论坛及论坛大学的国际智库、合作体系、交流机制，科学统筹确保超级项目顺利实施的配置与合作形式，指导操作主体综合基本能力与逻辑推动能力的不断呈现，在世界经济新雁型模式循环递进建构过程中，统合共赢发展、超越不良竞争，从而最大限度地彰显中国企业在全球区域共同市场中的"国是型生意"优势。此外，在"大

第四章 四位一体：联结政产学兼取宏微观的"一带一路"开发集成平台

学、论坛、智库、开发研究院"四位一体的论坛及论坛大学机构构架中，开发研究院还是链接能力培训、话题共识、咨询研究的"设计阶段"到市场实践、商业运作、实现价值的"实操阶段"的枢纽平台，有着承上启下的重要作用，通过特殊的技术经济能力和开发品牌，循环提升中国企业的实践能力与市场力量。

至此，超期项目前期机制的操作步骤与工作内涵也已经清晰：① 成套基础与应用理论，立足于产业经济、国别经济、区域共同市场的实用型专题研究，高铁与大交通价值的认识与推广等问题是智库生存与发展的基础；② 用媒体与学术力量的叠加推广大交通超级项目概念，阐明中国价值，积累政商学人脉与社会影响力；③ 超级项目方法论和前期孵化的系统能力尤其方案表达能力是智库的核心竞争力，要透过战略方向与大交通基本模式的把握超前谋划一批超级项目；④ 抓住以国内外上市公司为主的优质企业阶段性需求最为关键，这是智库市场立足的基础；⑤ 向受资国相关机构提出大交通概念的大思路，通过不同层级的专题会议与论坛推动项目深化并伺机转化为他国逻辑的战略方案；⑥ 组织相关人员中国访问考察技术与项目案例，由智库联合相关企业共同出面签署意向书；⑦ 由智库统筹经济技术工程等方面的设计力量完成项目建议书、商业计划书、预可行性研究报告等前期文件并上报相关评审机构；⑧ 主体企业介入项目前期，推动项目深化，完成实施计划；⑨ 政府见证、主体企业出面签署协议书；⑩ 项目实施与反馈调整或延伸计划。

按照这个步骤，通过"一带一路"大学形成的持续学习能力，就能产生超级项目批量供应机制，一个良性的循环就此展开。

第五章　峨眉论坛及论坛大学的发展与管理[①]

峨眉论坛与峨眉论坛大学是借助学术、地域、文化等综合优势而设立的，致力于成为推动区域共同市场与产业协同发展的超级项目开放论坛与公开大学，是全方位体现综合性、全球性和产业性特点的"超级项目孵化综合体"。这一依托坐落于横断山域文化旅游经济圈腹地——西南交通大学峨眉校区建立的，集培训、论坛、智库、开发研究院四位一体的平台型、门户型、研究型综合机构，将成为依托交通等基础设施建设与"城镇化""工业化"两化融合的超级项目新引擎，助推"一带一路"倡议，孕育高等教育新模式，生发"大交通"新文化，推进人类命运共同体新文明建设的时代坐标。

第一节　峨眉论坛及论坛大学"三步走"发展计划

一、启动创建：四川省人民政府牵头创办及首批论坛举办

区域集团化、不同规模尺度和目标层次的区域共同市场是撬

[①] 主要参见向宏，胡德平，王顺洪，徐飞. 大交通：从"一带一路"走向人类命运共同体. 成都：西南交通大学出版社，2017.

动当前世界经济格局、构建世界新秩序的超级项目得以实现的重要空间载体。具备完整性、指向性、层次性特质的完整产业链，是解决超级项目分工与交易复杂化、发挥区域间比较优势、节省交易费用、促进分工潜力、催生创新创业的重要合作载体。论坛及论坛大学将围绕整体式开发、打包式推进超级项目，开展全球区域共同市场的研究与开发，培育相关企业的区域市场开发与市场推动能力；将围绕超级项目相关产业的价值链、企业链、供需链和空间链相互对接并达到均衡稳定的过程，推进若干产业链形成、超级项目策划等研究与开发，培育相关企业的产业协调发展能力。论坛及论坛大学的功能定位要求从创办开始就必须借力政产学三方强势资源，突出其围绕超级项目的目标设计与功能设计。因此，我们建议，由峨眉论坛及论坛大学所在地四川省人民政府牵头，广泛沟通、联络铁路总公司、商务部、国家发改委、中财办、教育部、交通部等中央部委以及中央在川机构、使领馆、大型央企、国际国内金融机构、国内外大型媒体等，正式设立峨眉论坛及峨眉论坛大学，论坛常驻会址设在西南交通大学峨眉校区。

由地方政府发起创办峨眉论坛及论坛大学，将有利于汇集高铁走出去相关国家、"一带一路"沿线国家的大学、政府、企业及媒体，形成有影响力和传播力的跨国、跨区域合作体，共同攻关大交通范畴的重要学术命题，为以大交通为纽带的人类命运共同体以及相关国家、区域的发展提供人力资源、科技成果、思想成果的有力支持；将有利于凝聚西南地区大交通行业的政府机构、大学、科研院所和企业，为西南地区发展规划的实现及共赢、绿色、可持续发展提供智力、科技、政策支撑，并推动区域内及相关区域的大交通事业发展；将有利于凝聚发展共识，构建共同发展政策、行业标准和操作准则，也为标准、战略思想及其他智力成果在全世界范围内的推广提供了公共、公信平台，助推论坛品牌及形象的快速提升。

通过定期在某地举办高端论坛，可以扩大组织的影响，起到宣传作用，也可以将具有重要影响力的政府官员和商业精英聚集起来，群策群力，通过不同思想的交流和碰撞将思想推向新的层次和高度，最重要的是可以达到吸引企业投资、融资和联合开发的目的，同时也有助于论坛举办的宣传。2016年5月15日，西南交通大学建校120周年校庆期间，学校围绕"学术校庆"主题，举办一系列高水平国际化的学术论坛——轨道交通论坛、海绵城市论坛、减灾防灾论坛、大健康论坛。此次系列论坛，即是峨眉论坛与峨眉论坛大学正式创办前的试水，论坛主题紧扣"大交通""一带一路""人类命运共同体"等主题。来自全球15个国家和地区以及国内30余所高校的专家学者、企业精英、政府官员齐聚西南交通大学，围绕轨道交通、海绵城市、减灾防灾、大健康等相关话题展开对话，涉及国家战略研究、行业发展理念、关键技术创新、产业链开发、区域国情分析、投融资模式、政府政策供给等多领域，致力开拓区域共同市场，共同构建全要素产业链，规划研讨相关超级项目的实施。系列论坛取得圆满成功，各界反响强烈。

以轨道交通高层论坛为例，论坛围绕"一带一路"、中国高铁"走出去"战略展开讨论，深度阐释"一带一路"倡议"五通三同"核心思想：促进政策沟通、设施联通、贸易畅通、资金融通、民心相通，建立利益共同体、命运共同体、责任共同体；宏观研讨中国高铁"走出去"的欧亚、中亚、泛亚三大战略方向相关议题，中蒙俄、新亚欧大陆桥、中国—中亚—西亚、中国—中南半岛、中巴、孟中印缅六大经济走廊铁路大通道建设；具体研判沿线国家社会制度、经济水平、文化习俗、宗教信仰、历史传统、地理环境、发展道路；精准把握"一带一路"沿线区域共同市场轨道交通需求，针对性地、打包提出轨道交通超级项目规划方案，包括规划、勘探、建设、装备、运营、维护等技术集成方案，BT、BOT、BOOT、TOT、TBT、PPP、TOD、"铁路换资源"、"市场换资金"等投融资方式，谈判、公关、商务、法务等项目进入策略。开拓中亚、东亚、东南亚、南亚、西亚区域共同市场，打造区域内轨道交通全产业链，规划打造若干轨道交通超级项目，进而以超级项目支撑中国高铁"走出去"，推动沿线国家交通基础设施互联互通，打通"一带一路"沿线国家血脉经络。

二、前期运行：深耕西南六省、东盟市场及南亚市场

从整个亚洲来看，横断山脉地处东亚、南亚和东南亚三大地理区域的交汇处，汇集了高山峡谷、雪峰冰川、高原湖泊等多元化的地理形态，也是世界上自然风光和人类文化最为多样、最为丰富的地区。因此，横断山区域的发展对于中国的国家发展战略有着重大的影响，具有极高的总体价值。首先，横断山区域对于国家安全与稳定影响重大。横断山地区包括了多种民族和多种宗教的人口，很多是跨国境分布的，能否促进多样化的民族与族群在政治、经济和文化上的发展，成功地将其融入国家发展的整体战略，关系着中国国土的安全、国家利益以及对于南亚与东南亚国家的战略影响力的发挥。区域共同市场的建立，"一带一路"与大交通战略的实施，都离不开横断山区域的持久稳定与共同发展。其次，横断山是中国西南重要的生态屏障和战略资源基地。长江、黄河和澜沧江发源于此，各种河流纵横，有大面积的冰川和湿地，保留了极其丰富的生物多样性，横断山脉能否维持良好的生态环境，关系着中国环境的可持续性。同时，横断山脉蕴藏多种矿产，有大量的水能、风能和太阳能等清洁能源，也关系到中国资源的可持续性。环境和资源的重要性一方面在于其对于国家经济发展的意义，一方面，环境和资源的保护本身也是后工业社会与后现代生活方式的重要核心价值，能否为子孙后代保留地球上的这些

壮丽山河，也决定了人类命运共同体的命运。此外，横断山区域的各种民族与宗教文化丰富多彩，区域内有藏族、傣族、景颇族、纳西族、怒族、羌族、彝族等多个少数民族世居于此，信仰藏传佛教、南传佛教、道教（包括各种地方信仰）、基督教、伊斯兰教等各种宗教与教派。因此横断山的很多地区已经是世界著名的旅游目的地，如九寨沟、贡嘎山、都江堰、青城山、乐山、峨眉山、泸沽湖、梅里雪山、丽江、大理、西双版纳、怒江、独龙江、雅鲁藏布江大峡谷等。这些旅游地区，之所以能吸引世界各地的游客，一方面固然是因为其独特而美丽地理环境，更重要的是那些多样化的人类文化和生活方式的体验，那种远离了工业化和城市化的早期农业社会的安静。

　　从地理上看，我们可以发现，横断山其实是将青藏高原与中南半岛联系了起来，形成一个三级结构，青藏高原处在第一级，海拔 4 000 米以上。横断山与邻近的云贵高原、缅甸东部高原处在第二级，海拔 1 000～2 000 米，第三级则是中南半岛各国（缅甸、泰国、老挝等）的沿海河流冲积平原，由于第二级上横断山起落巨大的高山峡谷地形的存在，造成云贵高原与中南半岛北部的交通困难，因此历史上中国的文明很难直接跨越横断山深入到低地平原地带，只能通过华南沿海间接影响。因此，几百年来，形成了耶鲁大学人类学家詹姆斯·斯科特所谓的 Zomia 地区，有着相对独立于各种国家形态的分散化生活方式与耕种模式。

第五章 峨眉论坛及论坛大学的发展与管理　107

一方面,横断山阻碍了中国西南与南亚和东南亚的交流沟通,但是另一方面,中国西南及中南半岛的河流和湖泊大部分发源于横断山区域,且尽管中国与亚洲南部和东南部的大规模交流沟通被阻隔,然而小规模的交流和沟通仍然存在。云贵高原上虽然有连绵起伏的山岭,但是山岭之间也分布着许多小盆地,被称作"坝子",适于农业发展和人口聚居,附近往往有很多因河流汇聚与地层断裂形成的湖泊,最著名的如洱海和滇池等,大理和昆明也先后成为区域的政治经济文化中心。横断山脉沿着高黎贡山和其他山系形成了三条大河:伊洛瓦底江、怒江(萨尔温江)、澜沧江(湄公河),为整个中南半岛提供了主要的水资源。没有它们就没有中南半岛的各国文明,因此横断山地区对于中南半岛国家的生存发展有着至关重要的战略意义。此外,根据历史人类学和民族学的研究,南亚和东南亚靠近横断山区域的很多族群是从中国境内迁移过去的,他们很多都将传说中的祖先追溯到中原地区的华夏文明。因为无论有再多的高山峡谷,人类都可以找到一条可供通行的狭窄的茶马古道,经过千百年时间的流逝,单向的小规模的移民,逐渐变为双向的贸易和商业交流,如古代"南方丝绸之路"的存在就是证明。

"南方丝绸之路"总长大约 2000 公里,是中国最古老的国际通道之一。它以成都为起点,经雅安、芦山、西昌、攀枝花到云南的昭通、曲靖、大理、保山、腾冲,从德宏出境,进入缅甸,最后到达印度和中东乃至于欧洲。"南方丝绸之路"和西北的"丝绸之路"、"海上丝绸之路"同为中国古代对外交通贸易和文化交流的主要通道。南方丝绸之路既是商业要道，同时又是朝贡贸易、文化交流、宗教传播的通道，还是中央政府得以维系边疆统治的国家治理通道，费孝通先生将其称为"藏彝走廊"，为中华民族多元一体格局的形成提供了基础。"南方丝绸之路"内接中原，外联南亚、东南亚，促进了华夏文化、东南亚和南亚各种文化的文化交流与融合。但是，随着公路、航空等交通基础设施的发展，20世纪五六十年代以后，"南方丝绸之路"逐渐沉寂。

峨眉山，作为横断山脉的重要支系，位于古代南方丝绸之路上，是成都附近最著名的世界自然与文化双遗产，在地理位置上刚好处于四川盆地与青藏高原、云贵高原的中心地带，还进一步辐射横断山周围的南亚与东南亚地区。我们希望充分利用峨眉山的区位优势、旅游产业优势、宗教及文化自然优势，聚集人类的政治、经济、文化与科技精英共同打造峨眉论坛和峨眉论坛大学，讨论一些关系着人类命运的重要话题，未来的峨眉山与峨眉论坛大学不仅仅是世界著名的旅游景点，也将是具有全球影响力的智库、论坛、研究院的所在地。正因为此，峨眉论坛及论坛大学在前期运行中，应首先立足横断山区域，积极辐射"21世纪南方丝绸之路"，深刻融入西南六省经济社会文化发展总体战略，先期重点开拓中国西南（六省）、东盟市场（十国）和南亚市场（七国）。

第五章　峨眉论坛及论坛大学的发展与管理

中国西南六省、东南亚、南亚地理位置毗邻，贯通亚洲西南大陆桥，涉及中国西南地区、华南地区、中南半岛次区域、东盟自由贸易区、南亚地区合作联盟、大湄公河次区域六大系统。广阔的地理区域、接近的经济发展水平、密切的地缘政治经济关系、融合的民族文化传统以及资源与市场的差异性与互补性，决定了这一区域必然成为一个充满活力与生机的区域共同市场，合作领域十分广阔，发展潜力十分巨大。特别是在当下，随着中国加速推进向西、向南开放，泛亚铁路建设提上日程，中国境内的昆玉铁路、玉磨铁路，中国境外的中老铁路、中泰铁路加快推进，区域跨国交通运输网络和区域经贸大通道正在形成，工业化和城市化进程正在提速。这将有利于集聚区域内的糖、茶、胶、果、药等生物资源优势，澜沧江-湄公河水利、水运、水能资源优势以及民族风情、自然景观、人文景观浑然一体的旅游资源优势，有利于构建区域内以不同经济发展水平间的"垂直分工"为主和以相近经济发展水平间的"水平分工"为主的梯形分工格局，构建劳动密集型、资源密集型、资源加工型、资金密集型、技术密集型等产业形态间的产业协同结构，有利于输出中国富裕的资本和产能，特别是先进可靠的铁路基础设施建设技术和装备，支持区域国家交通基础设施建设，解决区域国家的资金流动性问题。在此基础上，组成跨越国界、跨越体制、跨越产业的区域协作系统，激发区域新的市场活力，促进共同市场的发育和市场功能的健全，推进区域产业组合和优化纳入国际市场运行轨道。

综上所述，随着中国"一带一路"与大交通战略的实施，高速铁路、高速公路、通信线路、输油气管道等各种交通设施将会开辟许多条新的跨越横断山的交通要道，重建21世纪南方丝绸之路，将中国的经济、文化、自然资源与南亚、东南亚国家，甚至欧洲国家进行全方位的交换与整合。通过南亚和东南亚高速铁路以及中缅石油天然气管道等超级项目的实施，促进区域共同市场形成。峨眉论坛及论坛大学，必定会受到东南亚国家的密切关注和响应，根本上改变中国与东南亚国家的战略关系。当今世界经济中心正从大西洋沿岸转向太平洋地区，而未来，峨眉论坛和峨眉论坛大学将扎根横断山脉，走向太平洋和印度洋，创始、创业、创造价值、创建品牌，打造世界经济、人类文明的新地标！

三、升级运转：国家级峨眉论坛和"一带一路"论坛大学

人类生活在同一个地球村，生活在历史和现实交汇的同一个时空里，相互联系、相互依存，越来越成为你中有我、我中有你的命运共同体。把握人类利益和价值的通约性，在国与国关系中寻找最大公约数，"人类命运共同体"理念，横空出世，昭示天下，吸引和激发人们对世界发展美好前景的憧憬，"人类命运共同体"倡议也是中国人对解决当代世界难题的一份智慧贡献。"人类命运共同体"包括人类利益共同体、责任共同体、价值共同体和命运

共同体四个部分。在追求自身利益时兼顾他方利益，在寻求自身发展时促进共同发展。在后全球化过渡期，以共同利益和共同价值为支点，以共同责任为保障，构建合作共赢的人类命运共同体，地球上的70亿人才有了走向共同发展、持续发展的可能。

那么，走向"人类命运共同体"路在何方？我们以为，"一带一路"就是通往"人类命运共同体"的现实道路。"一带一路"与人类命运共同体建设是顺应世界大势的"天下大计、百年大计"，两者相辅相成。"一带一路"建设，可以促使亚非欧广大区域发展成为一体化的经济空间，为形成互利共赢、共同发展的命运共同体提供坚实的物质基础。加强命运共同体建设，有利于把区域经济一体化合作成果转化为利益纽带、情感纽带，上升到精神文化层面，增加相互间的认同感和依存度，为"一带一路"的深入推进创造良好的社会与人文环境。从"一带一路"走向"人类命运共同体"是全球产业合作与发展、新一轮政治经济格局调整的最高目标。

智库通常是以公共政策为研究对象，以影响政府决策为研究目标，以公共利益为研究导向，以社会责任为研究准则的专业研究机构。它是政府科学民主依法决策的重要支撑，是国家治理体系和治理能力现代化的重要内容，是国家软实力的重要组成部分，在经济社会发展中发挥着资政建言、社会服务、理论创新、舆论引导、人才培养、公共知识传播、外交和国际交流等重要功能。"论坛"是一种高规格、有长期主办组织、多次召开的研讨会议，具有很强的聚众能力，利用论坛的超高人气，可以有效为组织提供营销传播服务。而由于论坛话题的开放性，几乎组织所有的发展诉求都可以通过论坛传播得到有效的实现。随着经济全球化、文化多元化的发展，近年论坛已经成为继智库外一种产出思想、解决某一领域重大问题、做出重大决策的重要平台。如世界经济论坛（World Economic Forum），因每年在瑞士小镇达沃斯召开而被称为"达沃斯论坛"。具有45年历史的"达沃斯论坛"以研讨世界经济领域存在的问题、促进国际经济合作与交流为宗旨，对世界经济发展和国际经济合作做出了重大贡献。"博鳌亚洲论坛"也因为在海南省博鳌镇定期召开而得名，已经成为共商亚洲地区经济发展、人口和环境等问题的高层次对话场所。它以亚洲为立足点，从亚洲的视角去审视世界重大经济问题，同时又通过与世界其他地区的对话和交流，深化亚洲内外的经济联系。

随着"一带一路"倡议的深入实施，峨眉论坛及峨眉论坛大学"四位一体"的论坛、大学、研究院、智库将不断升级运转，通过承担特殊模式国家级"一带一路"智库试运转、若干示范性超级项目实施、国家元首高级别论坛、组建新型国际组织等，完善门户型智库、智库型大学和超级项目绿色通道机制，逐步发展成为"一带一路"国家战略智库、"一带一路"门户型超级项目智库,实现国家级峨眉论坛及"一带一路"论坛大学的定位就位。

党的十八届三中全会提出,加强中国特色新型智库建设,建立健全决策咨询制度。教育部《中国特色新型高校智库建设推进计划》提出按照总体设计、点面结合、突出重点、分类实施的原则,创新体制机制,整合优质资源,打造高校智库品牌,带动高校社会服务能力的整体提升。升级运转后的峨眉论坛及峨眉论坛大学,是国家级"一带一路"超级智库品牌,是中国特色新型智库建设的体制机制创新,是服务"一带一路"倡议的助推器、孵化器,也是推动技术进步的研究基地和人才培训基地,必须实现好、发挥好战略研究、政策建言、人才培养、舆论引导和公共外交五大功能,为国家战略的推进与实施提出切实可行的新方案,贡献大智慧。

国家级峨眉论坛和"一带一路"论坛大学,将为"一带一路"倡议提供与世界交流的平台和窗口。借助论坛高度的开放性和强大的辐射力,通过共同话题探讨,加强包括大学、科研机构和企业在内的国际同行间的交流切磋、相互学习借鉴,取长补短,分享经验、凝聚智慧、达成共识。借助大学的"知识创造与传播",通过"一带一路"大交通及超级项目国际人才、企业家教育培训,为"一带一路"倡议培养储备人才,助推中国企业、中国标准、中国装备"走出去",同时为深化中国与"一带一路"沿线国家间的人文交流持续培养知华友华人士。借助高端智库在服务国家发展战略中的桥梁和纽带作用，密切关注党和国家事业发展的全局性、战略性、前瞻性问题，聚焦"一带一路"倡议，统筹协调各方资源，加强多学科交叉研究，深入开展政策研究和咨询，实现协同创新、跨界融合，推出一批有国际影响力的政策研究成果。借助超级项目的绿色通道机制，为基础设施与"两化"融合的超级项目提供前期规划、项目论证等研究和服务以及问题解决方案。

第二节 峨眉论坛及论坛大学组织管理体系

组织管理是管理活动的一部分，组织具有综合效应，这种综合效应是组织中成员共同作用的结果。管理组织就是通过建立组织结构，规定职务或职位，明确责权关系，以使组织中的成员互相协作配合、共同劳动，有效实现组织目标。论坛及论坛大学实行"两块牌子、一套人马"，成立日常组织管理机构——论坛及论坛大学"4C"管理联盟，通过借力国际和国内政、产、学、媒等重大资源，组成智力型、资源型、灵活型管理联盟，通过专兼结合、内外结合、上下结合的组织管理体系，行使决策、监督、服务、运转、保障等组织功能，确保论坛及论坛大学的健康有序发展。

第五章　峨眉论坛及论坛大学的发展与管理

作为超级项目的孵化主体，峨眉论坛与论坛大学的管理应体现其支撑性资源的高度集成与综合，涵盖超级项目从孵化、投资、营运到后期维护等各个关键环节，并借助于政、产、学、研、用、金、媒多方力量的深度合作来共同推进。就具体组织形式而言，应打破一般论坛和传统大学模式，重点突出政、产、学、媒四方在区域共同市场推动和产业协同发展过程中政策制定与资源配置、市场推动与产业融合、能力培训与学术研究等方面的核心地位与优势，形成集超级项目制度性、操作性、学术性、传播性话语权于一体的"四 C"（理事会，council）智力资源库，即：校长理事会、工商理事会、高官理事会、媒体理事会。"四 C"将围绕全球目标性、发展性的主要区域共同市场而建立，其中区域共同市场的选取，应着眼于人类命运共同体新文明构建的路径选择与发展脉络，遵循与国际话题市场、国家对外整体战略、中国行业企业组团发展相呼应的构建原则，如涉及国际产能合作的拉丁美洲南方共同市场、东南非共同市场、西非国家经济共同体、中部非洲国家经济共同体、东非共同体等，涉及"一带一路"大开发、大建设构想的南亚区域合作联盟、东南亚国家联盟等，涉及安全共同体建设的中亚合作组织和能源合作的海湾共同市场等。

校长理事会着眼于集聚中外学术界、教育界资源，主要由来自区域共同市场的知名综合性大学校长构成，也可邀请欧美等发达国家如哈佛、耶鲁、牛津、剑桥等世界级名校加入，原则上不设名额限制。以世界第四大经济集团——拉美地区南方共同市场为例，可邀请巴西圣保罗大学、阿根廷国立科尔多瓦大学、乌拉圭共和国大学和巴拉圭国立亚松森大学等大学校长进入理事会。其目的不仅是形成高等教育资源的综合体，更为重要的是通过论坛和论坛大学这一载体构建影响区域共同市场未来发展的国际大学合作体系，以及辐射横断山脉这一中央高地周边的西南区域大学合作体系，并在其内部形成常态化、论坛式工业文明与后工业文明之间的教育对话。工商理事会着眼于集聚中外商界、产业界资源，主要由区域共同市场的企业领导、行业领袖、职业经理人组成。高官理事会着眼于集聚中外政界、人脉资源，主要由区域共同市场的退休高官和政治精英组成。媒体理事会着眼于集聚中外国家媒体、跨国传媒集团、新媒体资源，主要由区域共同市场的媒体人、策展人组成。"4C"总规模约1 000人左右，共同构成峨眉论坛和论坛大学最为充分、最为核心的管理智力资源库。

第三节 峨眉论坛及论坛大学在地资源建设

现在全球范围内的国际性组织总部大多定址"欧洲之心"阿尔卑斯山脉沿线国家或地区，比如各国议会联盟（Inter-

第五章　峨眉论坛及论坛大学的发展与管理　117

Parliamentary Union，IPU）总部设在瑞士日内瓦，裁军谈判会议（Conference on Disarmament，CD）总部设在瑞士日内瓦，欧洲委员会（European Communists，EU）总部设在法国斯特拉斯堡，国际铁路联盟（Union Internationale des Chemins de fer，UIC）总部设在法国巴黎，石油输出国组织（Organization of the Petroleum Exporting Countries，OPEC）总部设在奥地利维也纳，欧洲联盟（European Union，EU）总部设在比利时布鲁塞尔，世界贸易组织（World Trade Organization，WTO）总部设在瑞士日内瓦，国际劳工组织（International Labor Organization，ILO）总部设在瑞士日内瓦，联合国粮食及农业组织（Food and Agriculture Organization of the United Nations，FAO）总部设在意大利罗马，联合国教育、科学及文化组织（United Nations Educational, Scientific and Cultural Organization，UNESCO）总部设在法国巴黎，世界卫生组织（World Health Organization，WHO）总部设在瑞士日内瓦，世界知识产权组织（World Intellectual Property Organization，WIPO）总部设在瑞士日内瓦，国际农业发展基金（International Fund for Agriculture Development，IFAD）总部设在意大利罗马，联合国工业发展组织（United Nations Industrial Development Organization，UNIDO）总部设在奥地利维也纳，联合国贸易和发展会议（United Nations Conference on Trade and Development，UNCTAD）总部设在瑞士日内瓦等等，不胜枚举。

与阿尔卑斯山脉相比，峨眉论坛及论坛大学所在地、横断山脉重要支系——峨眉山，具有独特的在地资源，然而相对于阿尔卑斯诸国，其仍然是物质相对落后地区。因此，在充分利用好现有论坛及大学资源的基础上，应通过引入、改造、升级、优化等综合手段与途径，快速加强在地资源体系建设，为论坛及大学的后续发展提供全方位支撑。

一、西南交通大学：一所"交通天下"的中国百年高等学府

西南交通大学创建于1896年，是我国土木工程、交通工程、矿冶工程高等教育的发祥地，是国家"211工程""985优势学科平台建设"和首批进入国家"2011计划"并设有研究生院的教育部直属全国重点大学，作为轨道交通领域学科覆盖最广、办学专业最全、培养人才最多的高等学府，西南交通大学有力支撑了中国轨道交通事业从无到有、从弱到强的历史性跨越。学校前身为山海关北洋铁路官学堂，时任直隶总督兼北洋大臣王文韶的一封奏折《奏为拟设立铁路学堂所需经费在火车脚价等项下酌加应用事》，道出了西南交通大学因铁路而生的原委，奏折内容："再，津关自设铁路以来，征兵运械，通商便民，成效昭著。现在接修关外工程，津卢一路亦经奉旨兴办，近又议建卢汉铁路，从此风气大开，实为富强之业。唯造桥、造路、制造车辆及行车司机等事，借材于泰西各国，殊非久远之图。经臣饬，据铁路总局道员

吴懋鼎、张鸿顺等公同商酌，拟就山海关局房设立铁路学堂，招选学生八十名。派洋文正副教习三人，汉文教习二人，分班教授，三年为期。学成后量材器使，仍随时募补足额。将来广建铁路，可期取用不穷，较之借材异国，所省实多，且可免要挟居奇之患。所需学堂经费，岁约银一万余两，即在火车脚价项下，按照向章，客货每银一两，酌加三分；开平矿局运煤脚价，酌加二分，以资应用，不另请拨款项。俟经费充足，再行推广办理。除咨总理各国事务衙门、户部查照外，理合附片陈明，伏乞圣鉴，谨奏。光绪二十二年九月二十三日直隶总督王文韶。"

19世纪末，西方列强经过工业革命，业已进入蒸汽机车牵引的铁路交通时代，而中国辽阔的山川河流上，交通运输仍然是马背人扛的远古形式。铁路时代的到来势不可挡，铁路人才的需求急剧增长，但顽固的清廷始终不为所动。为了应对日渐严峻的统治危机，被迫开启洋务运动的顽固清廷还是上演了"马车铁路"的闹剧。但甲午战争的彻底失败，尤其是北洋海军的全军覆没，犹如一记响亮的耳光打醒了清廷统治者，面对王文韶奏请设立铁路学堂的奏折，光绪帝朱批"该衙门知道"，正式批准了王文韶的上奏请求，山海关北洋铁路官学堂应运而生。

1896年11月，北洋铁路总局在上海的《申报》《新闻报》等刊登《铁路学堂告白》，宣告学堂成立并正式开始招生。

铁路学堂一方面注重学生扎实的理论基础，开设了算学、力学、机械等较为完备的理论课程体系；另一方面，与中国传统书院式教育不同，最大的特点是注重现场实习，学堂规定：所有学生必须在工地现场实习，只有具备在现场解决实际问题的能力，实践课程合格才能毕业。

学堂学生甫一毕业，便被詹天佑延聘至京张铁路工程的建设当中，而后是川汉铁路、粤汉铁路、钱塘江大桥、宝成铁路、磁浮列车、高速铁路……开启了与交通的世纪之缘。

诚如校训之"精勤求学，敦笃励志，果毅力行，忠恕任事"，交大学子凭着对学问的专心勤勉，志向的敦厚诚信，实践的果敢坚毅，对职责的尽心竭力，为开拓大交通的格局贡献力量。

一百二十年前，交大因铁路而生，与交通结缘，兴路救国，育人报国，理想之门隆隆开启；一百二十年间，交大或临战乱，或遭灾祸，或遇突变，每逢危急关头，大艰大险的时刻，交大人总能挺身而出，奋起直追，为国家，为民族，为铁路，为交通，前赴后继。这都是对交大人价值追求的精准概括，也说出了交大人心中那一份永远不变的交通情怀。

学校倡导并确定了我国电气化铁路供电制式，牵头组织了第一列万吨重载列车开行试验，主持了第一列高速动车组动力学参数设计与整车动力学性能实验验证与优化、第一套高铁牵引供电综合监控系统研制、第一个高速道岔和第一块整体道床的国产化，第一次系统性地组织开展了高速铁路综合科学研究试验，独立研制成功了世界首辆载人高温超导磁悬浮试验车，以系统的核心技术支撑了我国第一条常导中低速磁悬浮交通工程示范线建设。作为技术总体主要单位参与了我国第一台内燃机车和第一台电力机车、第一座大型复杂结构铁路桥梁建造、第一座铁路长大隧道修建、第一条高原铁路建设。

办学120年来，西南交通大学秉持"灌输文化尚交通"的理念，弘扬"竢实扬华、自强不息"的精神，在诸多领域诞生了百余项中国第一和世界第一，为我国轨道交通事业的发展、民族振兴和国家富强做出了卓越贡献；培养和造就了以中国现代桥梁之父茅以升、中国近代地理学和气象学奠基人竺可桢、世界预应力混凝土先生林同炎、一代水利工程大师黄万里、世界著名经济学家刘大中、中国近代植物学奠基人钱崇澍、建筑泰斗庄俊以及"两弹一星"功臣陈能宽、姚桐斌、吴自良等为代表的一批杰出科学家和工程大师，包括59名海内外院士、一批工程设计大师以及大批轨道交通领域技术与管理人才。

"一带一路"倡议肩负着推动中华文明转型的历史担当，肩负着人类文明创新的现实担当，肩负着实现中国梦的未来担当。"一带一路"一头是活跃的东亚经济圈，一头是发达的欧洲经济圈，沿线65个国家，40多亿人口，通过互联互通，把亚太地区和欧盟联系起来，把亚欧非大陆及附近海洋贯通起来，形成东亚、西亚和南亚经济辐射区。"一带一路"倡议要实施，交通网络须先行。

而我国的"十三五"规划也在交通方面提出要求：完善现代综合交通运输体系；推动京津冀协同发展，构建一体化现代交通网络；推进长江经济带发展，构建高质量综合立体交通走廊。

无论是"一带一路"倡议中连接欧亚非大陆的基础设施建设，还是我国"十三五"规划中要求完善的交通体系和网络，都可以看出轨道交通行业发展空间广阔。在此背景下，西南交通大学第十四届党代会适时提出了学校今后三十年发展的总目标：分"三步走"将学校建成交通特色鲜明的综合性研究型一流大学。学校围绕新的战略目标开展了一系列调整改革。

一是围绕新的战略目标，制定实施了学科建设"四大行动计划"，致力于提升学术竞争力。通过实施"工科登峰"计划，学校抓牢高铁大发展历史机遇，培育一批对接世界先进水平的轨道交通领域的学科群；实施"理科振兴"计划，下大气力夯实数学、统计学、物理学、力学、信息科学和系统科学等学科的发展基础；实施"文科繁荣"计划，并在文科各个学科领域建设好一批特色研究方向和若干有影响力的智库；实施"生命跨越"计划，强化现有生命学科建设，大力推进医工结合，为学校未来生命医学学科跨越发展奠定坚实基础。

二是围绕新的战略目标，有所为有所不为，对部分学科专业进行了优化整合。我校一些学科专业特色不明显，水平不均，成果偏少，发展能力不足，导致学校办学资源分散。且随着20世纪以来知识结构不断变化，学科知识需要高度的交叉和融合，学校根据一级学科或一级学科集群建设了学科共享高端平台，依据学院、学科大小与规模适度原则，对学校学科进行了整合与优化。完成了国家"211工程"三期和"轨道交通优势学科创新平台"等建设项目，使得优势学科竞争力显著提升，交通运输工程一级学科排名保持全国第一，土木工程、机械工程、电气工程等学科进入全国学科评估排名前列，在ESI国际学科排名中，工程学科和材料学科位列全球前1%。进一步优化学科专业布局，通过2012年和2014年两轮学科优化与调整，停招8个学科，初步建立了常态化学科动态调整机制。

三是依据调整后的学科专业，围绕新的战略目标，针对高铁"走出去""一带一路"倡议的需要，为了更好地服务于国家大交通发展战略，学校渐次开展院系调整。首先，调整了学校部分文科院系，取消了若干与新战略目标不适应不相符的学科专业以及学位授权点，整合了若干学科专业相近的院系，使得文科院系设置更加科学合理，更加能够聚焦新战略目标的需要。

调整后的文科院系明确了自己的发展定位：与学校主干学科互补发展，同时立足国家新的战略目标定位发展特色文科。

针对高铁"走出去"、"一带一路"倡议实施过程中，沿途地区都是世界上典型的多类型国家、多民族、多宗教聚集区域，情况高度复杂，战略实施过程中涉及安全、市场、工程、宗教、社会、文化等多方面的具体问题，学校建设了一批研究基地和中心。广泛开展"一带一路"沿线各国国家的教育、文化、历史和政策的研究。学校文科已经建设了一批与交通相关的省级平台（四川省哲学社会科学重点研究基地——西部交通战略与区域发展研究中心、现代设计与文化研究中心、中国高铁国际化发展四川省2011协同创新中心、中国—东盟2011协同创新中心等），在法学领域已经凝练出了"中国高铁知识产权"、历史学领域已经凝练出了"中国铁路史"、文学领域凝练出了"丝绸之路菁华集萃"等研究方向，并初步建立了一支稳定的团队。未来，可以将涉及交通领域研究的平台与团队进行整合，建立一个大平台（如"'一带一路'现代轨道交通研究院"，对国家实验室建设形成支撑，打造学校在轨道交通领域的综合优势），形成一支大团队，产出一批高水平成果，彰显交大力量，发出交大声音，并且持之以恒，最终建设成为能够为国家交通发展提供智力支撑的高水平专业高端智库，为学校"双一流"建设创造交通特色集群优势。总之，借助学校在交通领域的优势，把握轨道交通大发展和"一带一路"倡议推进等历史机遇，文科院系在学科建设和研究方向上积极凝练交通特色，努力创办具有交通特色的文科。

未来，本着渐次推进、成熟一个调整一个的原则，学校还将继续进行相关院系调整，进一步聚焦国家发展战略，走特色化发展道路。

四是增设交通特色的文科通识课程，培养符合新战略目标的人才。文科院系依据开展的"一带一路"沿线国家教育、文化、历史及政策等方面研究，增设相关的通识课程，培养既懂专业知识又了解历史、文化、风俗，既有国际视野又了解国内外市场经济运行规律、熟悉国际规则和惯例并能参与国际竞争的高素质人才。"一带一路"倡议实施以来，外国语系课程设置在满足专业要求的前提下，立足交通行业背景，安排学生学习"高等数学"和工科的基础课程，从而实现了"英语＋专业背景"的复合型人才培养目标。并面向"一带一路"倡议，重点设置了一批特色课程，如开设"菲迪克条款"为海外项目建设提供支持。此外，该系还设置了"大学语文""应用文写作"等课程，提升学生在对外交流中对本国文化的运用能力。

五是借力"人才强校主战略"，围绕新的战略目标对人力资源优化、进行优秀人才补充。学校围绕新战略目标调整院系后，对人力资源进行优化，将全校岗位进行清理删减，分流学科专业不符合需要的已有人员，使之转岗、换岗或者重新学习学校发展需要的专业再次入岗；为了更好服务国家新战略目标，对现有教师实施引培并重方案，首先严格准入机制，选拔优秀青年后备人才，其次大力培养，使之尽快成长；设置专职科研岗位，加强围绕新战略目标的基础研究、应用研究和开发研究；还要借力学校"人才强校"战略，加快引进实施新战略目标需要的高层次人才，进行学校缺少学科专业的优秀人才补充；加强政策引导，稳定师资队伍，保证为新战略目标实施配备充足的人力资源。

不仅如此，学校还采取有效措施，借助学校的科学优势、科学研究平台，将国内相关学科专业的高层次优秀人才、知名学者，将高铁"走出去"涉及国家的专家学者，将"一带一路"沿线国家的知名学者专家，将发达国家的相关专业著名学者专家聚集到学校，形成强大的优质人力资源群体，产出原创科学技术成果，培训各个国家的技术人员，探讨发展战略，培养高层次专业人才，为实现国家发展战略、建立大交通为主导的人类命运共同体提供人才支持、科学技术支持和思想支持，成为大交通发展关键技术的提供者、国家新战略实施的智囊团、人类命运共同体的思想库。

二、峨眉校区：高铁无缝连接的千亩双遗产腹地成熟校园

西南交通大学峨眉校区，坐落于中国四处"世界文化与自然双重遗产"之一的峨眉山风景区，拥有独特的自然人文资源和极其优越的生态环境，也是全国唯一一所地处双遗产风景区的高等院校。校园风景秀丽，环境优美，设施齐备，享有"花园学府"的美誉，完全契合后现代文明的价值主题和生活方式，是举办峨眉论坛与峨眉论坛大学的理想之地。

自然环境上，峨眉山以优美的自然风光、独特的地质地貌和丰富的动植物资源著称于世，素有天然"植物王国""动物乐园"

之美誉，山中生存着 2300 多种野生动物，5000 多种植物，森林覆盖率达 87%，空气负氧离子含量高达 8 万个/立方厘米，达到国际度假区最高标准。人文环境上，峨眉山历史悠久、底蕴深厚，是中国佛教四大名山之一。千百年来，儒、释、道三家文化在此碰撞、融合、演变，形成了道之源、佛之始、儒之境，吸引着无数信众、香客、文人、学者前来游山礼佛、说法传经、赋诗作画、述文记游，涵养了享誉国内外的以佛禅、武术、茶为核心的独特的峨眉山文化。硬件设施上，峨眉山市是中国优秀旅游城市、全国卫生城市、全国园林城市，按照四川省建设"大峨眉国际旅游度假区"规划，到 2020 年，峨眉山市将建成 2 个 5A 级景区、3 个 4A 级景区、7 个特色小镇、8 家五星级酒店、3 座演艺中心。峨眉校区占地 1033 亩，建筑面积 28 万平方米，教育教学硬件设施齐全，具备改造建设峨眉论坛和峨眉论坛大学永久会址的良好基础。交通出行上，峨眉山市是西南交通小"枢纽"，成绵乐城际铁路、成昆铁路、成乐高速、乐雅高速、乐自高速、乐宜高速、乐汉高速、乐峨高速穿境而过，距成都双流国际机场 120 千米，距乐山水运码头 30 千米。现在，随着成绵乐城际铁路的开通运营，峨眉山市已融入成都"一小时交通圈"，两地"同城化"发展进程不断加快。与著名的经济论坛举办地、瑞士边境小镇达沃斯相比，峨眉校区作为峨眉论坛与峨眉论坛大学举办地，无论是自然环境、人文环境，还是硬件设施、交通出行，均是更胜一筹。

三、后现代概念规划：峨眉校区改造与新建的设计理念

西南交通大学峨眉校区作为峨眉论坛及论坛大学的常驻会址，始建于20世纪60年代，占地1033亩，总建筑面积28万平方米。校区依山而建，校中有山、山中有校，整体呈现出西小东大、南北延伸的不规则形状，但山水相依相存，往来通达、灵动静美。经过近半个世纪的发展，校区教学、科研、生活、会议、文化、艺术等基础设施建设日渐完备，办学条件愈加优良，办学环境更加优美。

在西南交通大学峨眉校区建立的峨眉论坛及论坛大学，作为工业文明与后工业文明的对话舞台以及新文艺复兴孕育之地，应契合创办之初衷，从硬件上深度挖掘其坐落于"双遗"宝地的文化特质、历史积淀、传统价值、声誉优势，实现形与器、力与美以及科学与人文、艺术与生活、生态与技术、交通与交流、现代与传统、社会与个性的完美融合，彰显后工业社会新生活范式的审美意象以及开放、多元的审美趣味，激发话题灵感，实现交融汇通，引领人类文明发展的方向共识。

鉴于此，我们提出了基于后现代概念规划，尊重现有环境，传承"文脉"，兼顾历史与现代风格，引入民间资本、国际资本对峨眉校区进行改造与新建的设计理念。在整体风格及布局上，打破建立在理性主义和机器文明基础上的物质性力量，增添传统符

号，突出文化重心下移的趋势和生态文明的生活方式，以建筑群落的分区定位和协同共生，描绘价值、责任、安全认同到人类命运共同体的"文明图景"。

具体而言，顺应科学技术革命的发展趋势，摆脱现代性的普遍模式，通过后现代建筑概念的个体化塑造，以建筑物及附着物的表象特征突出后全球化过渡期人与自然、人与社会、人与人的新型关系。如：在重新划分教学、科研、会议、管理、生活等功能区域的基础上，新建一部分承担论坛及论坛大学主要活动的主题建筑，形成论坛及论坛大学的文化交流、品牌话题、产业开发、超级智库、培训基地等核心区域。观照原有建筑文化，将新的文化形式在传统建筑物理空间中进行绘制和构建，清理与当下及未来人类文明进程格格不入的建筑体验方式，为新的生活方式创造感知空间，既重视功能、技术和经济特征，又体现科技与人文统一、互补的"自然历史过程"，形成现代建筑与传统建筑的有机联系。如：充分发挥现有房屋及景观资源，修缮和改进学校明诚堂、扬华讲堂、学术科技交流中心等已有会议及文化建筑的内外部环境，构筑一批衍生性论坛及论坛大学的会议及教学资源，与核心区域遥相呼应，形成规模化的文化空间叠合。此外，引入一批具有商业开发性质的后现代住宅建筑、宾馆建筑和商业建筑，成为论坛及论坛大学的保障性、服务性基础设施。

四、论坛经济基地：峨眉山与乐山发展的新定位及四川的紧密互动

论坛经济是指以承接大型国际和国内论坛为主，集会议、展览、旅游、科技孵化与交流为一体的一种经济形态。它具有带动区域经济发展的强力作用，是一个地域迅速提升自身综合竞争力的重要手段。

四川峨眉，中国仅有的4个世界双遗产之一，中国佛教四大圣地之一，全球罕有的养生胜地，一个比达沃斯、博鳌拥有更多资源的世界资源宝地。如峨眉论坛以及横断山战略按照预期设想实施成功，无疑将为峨眉山、乐山乃至四川整体实力带来一个重量级提升。以旅游收入为例，博鳌论坛自2001年开始至今，对海南省琼海市经济产生了持续贡献：2015年，博鳌论坛所在地——琼海市接待旅游人数860.2万人次，增长20%；旅游总收入49.8亿元，增长50%。而2015年峨眉山市接待游客1076.4万人次，增长18%；旅游总收入158.4亿元，增长24%。琼海市当年GDP为200亿元，其旅游收入占比25%；峨眉山市当年GDP为211亿元，其旅游收入占比75%。保守估计，峨眉论坛的持续运行，将为峨眉山市带来平均每年新增游客100万人次以上，旅游收入新增20亿元以上，拉动GDP新增10%以上。

四川峨眉需要一个契机，需要一个如达沃斯、博鳌的全球论坛，需要一个世界级、国际级的会议会展品牌，利用峨眉世界级资源的品牌号召力，占领中国乃至世界会议经济制高点。"南有博

鳌，西有峨眉"，让四川的峨眉成为世界的峨眉，让峨眉论坛成为世界论坛。因为峨眉论坛，明天的峨眉将如达沃斯成就瑞士、博鳌成就海南一样，成就一个崭新的四川！

根据这个预期，"十三五"乃至更长一段时期，峨眉山市、乐山市和四川省发展规划将增加相应内容：

峨眉山市发展总体战略定位：国际佛教文化旅游目的地，国际论坛经济基地，全省县域经济改革先行区，全省全面小康社会建设示范市，国际风景旅游城市。

乐山市发展总体战略定位：国际旅游目的地，国际论坛经济基地，全省高新技术产业增长极，四川综合交通次枢纽，大小凉山脱贫攻坚示范区。

四川省现代服务业发展规划：新增"实施横断山大生活战略，大力发展商务会展业，重点支持建设国际峨眉论坛及峨眉论坛大学"等相关内容。

根据以上规划调整，峨眉山市、乐山市和四川省要对建设国际性高端论坛和论坛大学在基地申报、经费投入、土地调规、基地建设、政要接待、安全保卫、媒体公关等方面给予重点支持。

五、成都资源共享：横断山大本营与世界轨道交通"第一城"

"九天开出一成都，千门万户入画图。"成都，这颗埋藏在横断山腹地的骊珠，以其充满后现代气质的休憩生活方式，在弓张弦满的工业文明晚期，自成一方天地。这种世外桃源般的和平气质，吸引了来自整个世界的目光。

不管是世界第一"宜商宜居"的城市，还是"未来10年发展最快的城市"。成都从来没有在意过外界给予她的王冠之重，而是从古至今都以一种"遗世而独立"的气质自成一派。

在区位方面，成都被称为天府之国，"西部大开发"和"一带一路"倡议的重要城市，是丝绸之路经济带的核心节点城市，地处"长江经济带"和"丝绸之路经济带"的交汇处，与"一带一路"内各区域互联互通，是"一带一路"建设重要的极核和驱动引擎。向北，可进入欧亚大陆桥，与北亚、中亚、欧洲联通；向南，连接泛亚铁路南通道，连通孟中印缅经济走廊；向西，通过中欧班列网络，可形成通往中亚、欧洲的运输大动脉；向东，借助黄金水道，可形成通江达海的多式联运。空中，还可构建亚欧航空物流大通道。2015年，双流机场年旅客吞吐量超过上海虹桥机场，成为中国内地第四大繁忙机场，开通定期国际航线44条，通往各大洲国际航线更加完善。尤其是成都第二机场全面建成后，年旅客吞吐量将达9000万人次，成为"空中丝绸之路"的重要枢纽。

在经济方面，成都市综合实力雄厚，在国内第9个迈入"城市万亿俱乐部"，是西部地区基础条件最好、经济总量最大、国际开放进程最快的城市。成都天府新区是全国11个国家级新区之一，成都高新区正在创建西部首个国家级自主创新示范区。同时，成都也是丝绸文化的发源地，与"一带一路"沿线国家和地区的人文合作密切，是最具吸引力的投资目的地和旅游目的地城市之一。2015年举办国际会展130次，成功举办财富全球论坛，世界500强企业入驻达到272家，国际交往中心城市形象大大提升。作为"丝绸之路经济带"最具发展潜力的城市，成都将在"一带一路"建设中发挥重要的支撑和带动作用。

在产业方面，成都可谓"一城半铁"，教育、技术、制度改革等的优势突出。轨道交通产业是成都市的重点优势产业，成都市在轨道交通领域集聚了以西南交通大学为代表的科研院所，以中铁二院为代表的设计单位，以中铁二局、中铁八局为代表的施工建设单位，以中国中车为代表的机车车辆制造单位，以及以成都铁路局为代表的运营管理单位，建设了新筑轨道交通装备制造基地、南车成都产业基地、北车成都轨道交通装备产业园等轨道交通产业园区，形成了从科技创新到人才培养，从规划设计到施工建设，从装备制造到管理运营的完整的轨道交通全产业链，在轨道交通产业领域形成了国内其他城市不可比拟的突出优势，可以对轨道交通人才培养提供强有力的实训实习平台支撑。成都正利用轨道交通领域的产学研优势，积极打造"世界轨道交通之都"，打造成都有根的现代产业，瞄准"两高一超一重一新"，建设"基础研究—技术开发—成果转化"全链条式的创新平台；树立轨道交通产业的成都形象；加速轨道交通成果就地转化，建设轨道交通多种制式示范线；建立轨道交通装备第三方咨询认证中心；加快轨道交通智库建设，融入"一带一路"建设。

在政策方面，2015年5月27日，国家发改委发布了《关于当前更好发挥交通运输支撑引领经济社会发展作用的意见》，提出将适时启动中国现代交通发展战略研究（"中国交通2050"），同时还将积极推进"一带一路"交通走廊、长江经济带综合立体交通走廊等战略重大项目，加大中央预算内对交通基础设施的投资。成都市正位于"一带一路"交通走廊和长江经济带综合立体交通走廊的交汇处，也是轨道交通产业的西部重镇，将为轨道交通产业发展提供政策保障。轨道交通产业是成都市"五大兴市"战略交通先行背景下的支柱产业。随着南车、新筑路桥长客股份等整车项目的引进，成都的轨道交通装备产能迅速扩增，将整合一批核心零部件企业资源，产业配套能力显著提升，产业集群初步形成。

参考文献

[1] [英]Tony Rogers. 会议业：一个全球化的产业[M]. 王小石，译. 北京：中国旅游出版社，2015.

[2] Joel Fischer. International Meeting Statistics Report[M]. 57th edition. UIA：June，2016.

[3] 文春英，刘新鑫. 国际会议策划与筹办：流程·执行·指南[M]. 北京：中国传媒大学出版社，2012.

[4] 龚维刚，杨顺勇. 上海会展业发展报告2014[M]. 北京：经济日报出版社，2015.

[5] 王春雷. 国际城市会展业发展理论与实践[M].北京：中国旅游出版社，2014.

[6] 张敏. 中外会展业动态评估研究报告[M]. 北京：社会科学文献出版社，2016.

[7] 从历届G20峰会脉络看杭州G20成果[EB/OL]. [2016-09-06]. http://news.xinhuanet.com/world/2016-09/06/c_129271903.htm.

[8] 杨洁篪就二十国集团领导人杭州峰会接受媒体采访[EB/OL]. [2016-09-07].http://news.xinhuanet.com/world/2016-09/07/c_129272028.htm.

[9] 周敏凯，王玲. 关于"四个全面"战略布局中"三大国家战

略"内涵的理论思考[J]. 学习与探索, 2015 (10).

[10] 长江经济带布局五大城市群［EB/OL］. [2014-09-02]. http://www.ccud.org.cn/2014-09-26/114346778.html.

[11] 京津冀一体化提速, 首都副中心争夺战打响［EB/OL］. [2014-04-14]. http://news.hexun.com/2014-04-14/163896909.html.

[12] 王义桅."一带一路"机遇与挑战[M]. 北京: 人民出版社, 2015.

[13] "一带一路"提出近3年来有哪些重要早期收获？［EB/OL］. [2016-06-28].http://www.rmlt.com.cn/2016/0628/430495.shtml.

[14] 推动共建丝绸之路经济带和21世纪海上丝绸之路的愿景与行动［EB/OL］. [2015-04-01]. http://www.mofcom.gov.cn/article/resume/n/201504/20150400929655.shtml.

[15] 墨西哥高铁为什么夭折？［EB/OL］. [2016-05-26]. http://blog.sina.com.cn/s/blog_470bf2570102wlt7.html.

[16] 毛晓晓. 印度为什么选日本不选中国高铁？［EB/OL］. [2015-12-20]. http://news.mydrivers.com/1/462/462378.htm.

[17] 钮文新. 中泰铁路合作再生变故 一波三折原因何在 [EB/OL]. [2016-04-02].http://mt.sohu.com/20160402/n443208902.shtml.

[18] 李孟刚. 高铁全面助推经济结构调整[EB/OL].[2010-11-22]. http://business.sohu.com/20101122/n277803005.shtml.

[19] 孟晴."一带一路"媒体传播的文化外交价值[J]. 新闻战线, 2016 (8).

[20] 互通互惠助力"一带一路"金融服务[EB/OL].[2015-09-18]. http://finance.stockstar.com/JC2015091800000577.shtml.

[21] 樊颖.国外政府扶持企业"走出去"政策支持及其启示[J].商业时代，2014（12）.

[22] 第三届"国浩法治论坛"举行 专家学者纵论"一带一路"法治思维与法律服务[EB/OL].[2015-12-20]. http://www.sh.xinhuanet.com/2015-12/20/c_134934356.htm.

[23] 李绍荣.对"一带一路"发展战略的经济学分析[J].人民论坛·学术前沿，2016（3）.

[24] 切实加强理论和实践研究[EB/OL].[2015-10-14]. http://news.sina.com.cn/o/2015-10-14/doc-ifxivsee8131624.shtml.

[25] "一带一路"金融联盟在青成立[N].青岛日报，2015-09-18.

[26] 构建"一带一路"高等教育共同体 推进沿线区域开放发展[N].甘肃日报，2015-11-09.